Dr. med. Karl Viktor Freigang

Arzt bei den Vergessenen in Afghanistan

Mit dem Kauf dieses
Buches unterstützen Sie
die Arbeit von Dr. Freigang
in Afghanistan.
Danke

promultis · 8033 Planegg

Inhalt

Ich bin sterbensmüde. Noch nie in meinem Leben war ich so erschöpft, haben mir Füße und Rücken so weh getan wie hier in dem ‚Dorf der Sehnsucht', wie in Kalu.
Ich habe es so getauft, weil es das bisher mühevollste Ziel dieser Reise war. Auf dem langen Weg hierher, wenn endlich dieser 3600 m hohe Hajigak-Paß überschritten ist, hatte ich gehofft ausruhen zu können. Einfach in einer Hütte auf den Boden hinlegen und nichts mehr denken, nicht einmal mehr essen, nur noch schlafen. Im Schein der Taschenlampe verringerte sich die Strecke auf der Landkarte zwischen dem jeweiligen Standort und Kalu so zermürbend langsam, daß ich manchmal glaubte, ich würde dieses Dorf nicht mehr erreichen. Die Dunkelheit versagte einem jeden Blick zu den Höhenrücken der Berge, und so bedeutete jeder Schritt nur ein verschwindend kleines Stück des scheinbar unendlich langen Weges. Es ging stundenlang bergauf. Gegen 3 Uhr war der Paß überschritten, und es ging wieder bergab. Als dann im Morgengrauen die Lehmhütten von Kalu auftauchten, konnte ich mich kaum noch auf den Beinen halten. Trotz der frühen Morgenstunde empfing uns eine große Menschenmenge. Die Männer des Dorfes saßen mit ihren Gewehren in der Hand vor den Teehäusern, die gleichzeitig als Restaurant und Hotel dienten, und schienen uns zu erwarten. Kleine Gruppen von Kindern schauten verstohlen aus den offenen Toren der Höfe, freilich in ehrerbietigem Abstand von den Erwachsenen, und ganz vereinzelt sah man auch Frauen im grünen Gewand, über das Gesicht das lange rote Kopftuch gezogen, das sie mit den Zähnen festhielten. Als ich die Menschenmenge sah, wußte ich, daß die meisten von ihnen die ganze Nacht unterwegs gewesen waren, um von einem Arzt behandelt zu werden. Die Mudschahedin, die unseren Konvoi bisher begleitet hatten, verschwanden unverzüglich in der für uns bereitgestellten Herberge und streckten die müden Glieder aus. Ich konnte es nicht.
Seit vier Stunden sitze ich nun schon in diesem kleinen, dreckigen Raum in einer Hütte neben der Dorfstraße und behandle.

Die Luft wird zunehmend stickiger. Um mich herum steht eine ehrfürchtig schweigende, neugierige Menge, die sich in den ohnehin schon engen Raum hineindrängt und die notwendige Frischluftzufuhr von der Türöffnung her unterbindet. Ich werde in diesem Dämmerlicht beinahe ohnmächtig vor Gestank. Verzweifelt scheuche ich sie immer wieder weg, die staunenden Gesichter, aber es hilft nichts. Man müßte sich zu einer drastischen Maßnahme entschließen und einen Mudschahedin vor der Tür postieren, aber dafür habe ich jetzt einfach zuwenig Energie.
Man bringt einen Patienten auf der Trage, dem ich die zerlumpte Decke abnehme. Ein bis zum Skelett abgemagerter Mann blickt mich aus großen, dunklen Augen an. Der Bauch ist unnatürlich aufgeschwollen, rechtsseitig bereits bläulich verfärbt, und ich kann den Tumor in der Lebergegend direkt ertasten. Er ist fast kindskopfgroß und muß wohl schon einen Ileus (Darmverschluß) verursacht haben, was mir auch die Angehörigen mit unmißverständlichen Gesten andeuten. Der typische Mundgeruch und die schwärzlich, bräunlich belegte Zunge bestätigen diese Diagnose. Der Kranke hat starke Schmerzen. Es klingt unglaublich, aber sie haben den Mann einen Tag und eine Nacht lang von weit her getragen. Ein Wunder, daß er es überlebt hat. Eine schmerzstillende Spritze ist das einzige, was hier noch Linderung bringen kann. An eine Operation ist unter diesen Umständen nicht zu denken. Dann deute ich den Verwandten an, daß hier nichts mehr zu machen ist. In ihren ausdruckslosen Gesichtern rätsle ich, ob sie mich verstanden haben. Wortlos decken sie den Mann wieder zu und tragen ihn hinaus.
Ich verbinde weiter. Ein Junge hinkt herein. Nach Entfernung der dreckigen Verbände zeigt sich am Schienbein, unterhalb der Kniescheibe, eine eiternde Wunde, die bereits zur Versteifung des Kniegelenks geführt hat. Ich versuche die Wunde zu reinigen und die nekrotischen Gewebeteile zu entfernen. Aus der Tiefe des Knocheninneren kommt süßlich riechender Eiter.

Obwohl ich die Behandlung ohne Narkose durchführen muß, hält der Junge tapfer aus. Das Vertrauen, das die Leute in den deutschen Arzt setzen, erschüttert mich. Sie bringen einen seit fünf Jahren querschnittgelähmten jungen Mann herein. Die unteren Extremitäten sind bereits stark atrophiert und verbildet. Auch ihn hat man von weit her getragen, in dem festen Glauben, daß der deutsche Doktor ganz sicher auch dieses Gebrechen heilen wird. Ich versuche den Leuten zu erklären, daß ich kein Wunderdoktor bin. Doch die Angehörigen zeigen sich unbeeindruckt von meinem Gestikulieren und Reden. Sie gehen nicht eher, als bis ich den Patienten mit dem Stethoskop abgehört, die Füße abgetastet und ihm ein Multivitaminpräparat verabreicht habe. Erst dann heben sie ihn wieder über die hölzerne Schwelle hinaus, auf die staubige Dorfstraße, mit dem guten Gewissen, das Beste für ihren Jungen getan zu haben. Ich bin nun am Rande meiner physischen und psychischen Kräfte. Während ich eine eiterige Verletzung am Fuß eines alten Mannes behandle, wird mir ganz plötzlich die Ungeheuerlichkeit meiner Situation bewußt. War es nicht vollkommen unvernünftig, in meinem Alter von 55 Jahren eine solche Reise zu unternehmen? »Warum hast du deine Frau und deine Kinder in Deutschland gelassen, deine Praxis aufgegeben, tagelange Strapazen auf dich genommen? Nur um hier stinkende Wunden zu verbinden?«
Ich fühle nichts mehr. Wo ist die Begeisterung geblieben, wo der Mut zum Weitermachen? Hatte ich nicht gewußt, daß solches auf mich zukommen würde? Ich halte in der Behandlung einen Augenblick inne. Der Mann blickt mich verwundert an, da ich ohne erkennbaren Grund vor mich hinstarre. Aus der totalen Erschöpfung steigt Bitterkeit.
Heute interpretiere ich diesen Augenblick, gerade weil er mir in unnatürlich plastischer Erinnerung ist, als den Widerstand des gesamten Organismus gegen die unerträgliche Situation. Es war eine der härtesten Proben meines Lebens.

Der Entschluß

Mit einer Fernsehsendung im August 1983 hatte alles angefangen. Ich war von meiner Praxis müde heimgekommen und hatte nach dem Abendessen mit meiner Frau noch gemütlich zusammengesessen. Die Kinder, Kirsten, 18 Jahre, und Oliver, 16 Jahre, waren bei Freunden eingeladen, und wir wollten vor dem Zubettgehen noch wie gewöhnlich die Nachrichten sehen. Es lief gerade eine Sendung, die schockierende Bilder aus Flüchtlingslagern in Pakistan zeigte. Der Moderator berichtete, daß in diesen Lagern etwa 2, 5 Millionen Menschen leben würden und der Flüchtlingsstrom aus dem benachbarten Afghanistan nicht abnehme. Afghanistan sei etwa zweieinhalbmal so groß wie die Bundesrepublik Deutschland und habe vor dem Einmarsch der Russen am 27. 12. 1979 etwa 16 - 18 Millionen Einwohner gehabt. Man schätze, daß ein knappes Viertel das Land schon verlassen habe und sich mehr als ein Drittel der Bevölkerung auf der Flucht befände. Dann wanderte die Kamera durch eines der Lager und zeigte die Flüchtlinge vor ihren provisorischen Zelten. Es waren zerlumpte Gestalten mit abgemagerten Gesichtern und hoffnungslosen Blicken. Ihre Augen lagen in tiefen Höhlen. Kinder, die nicht mehr lachen und spielen konnten, saßen mit dicken Hungerbäuchen apathisch bei ihren Müttern.

Man sieht ja im Fernsehen immer wieder solche Bilder, ist bewegt oder erschüttert, spendet vielleicht einen Betrag für die Hilfsorganisationen - der damalige Kultusminister Girgenson hatte ja auch nach der Sendung zu Spenden aufgerufen -, aber dann geht das Fernsehprogramm weiter mit Spielfilmen, Unterhaltung und anderen Neuigkeiten. Ich weiß nicht warum, aber dieses eine Mal war es für mich anders. Das Programm meines Lebens sollte nicht so weiter ablaufen wie gewohnt. In der folgenden Nacht schlief ich schlecht. Irgend etwas, ganz in meinem Inneren, war durch diese Sendung bewegt worden.

Am nächsten Morgen war ich entschlossen, daß sich in meiner gutsituierten, bürgerlichen Existenz etwas ändern mußte. Es war mir ganz plötzlich klargeworden, daß ich mich der Not dieser Menschen nicht verschließen durfte. Wie könnte ich hier weiter zufrieden im Wohlstand sitzen, wenn vor meiner Türe die Welt beginnt, eine Welt voller Leiden und Ungerechtigkeit. Es gibt manchmal Momente im Leben, in denen Gedanken, die einem nicht neu sind, plötzlich eine ganz andere Tiefenwirkung zeigen. Ich kann auch nicht erklären, warum mich gerade diese Sendung so bewegt hat; es war ganz einfach so, und ich hatte mich entschieden. Noch am gleichen Tag, nachdem ich aus der Praxis gekommen war und wir alle beim Abendessen saßen, eröffnete ich meiner Familie den Entschluß, in ein Flüchtlingslager nach Pakistan zu gehen, wo man Ärzte notwendiger braucht als hier bei uns im gutversorgten Deutschland. Ich sah zunächst in erstaunte Gesichter. Mein Junge fand als erster die Sache aufregend und abenteuerlich, und meine Frau kennt mich gut genug, um zu wissen, daß es mir mit diesem Entschluß ernst war. Sie reagierte auch ganz großartig, und ohne große Diskussionen stimmte sie meinem Vorhaben zu. Ich war auch bei diesem Gespräch fest entschlossen, die Entscheidung meiner Frau zu akzeptieren. Hätte sie ‚nein' gesagt, dann wäre ich dageblieben. Aber somit war die Sache entschieden.

Wie großartig meine Familie reagiert hatte, wurde mir erst bewußt, als ich meinen Freunden und Kollegen von dem Entschluß berichtete. Manche ergossen über mich verzweifelt einen Wortschwall, wie ich denn auf einen solchen Unsinn käme, in meinem Alter, andere griffen sich nur wortlos an die Stirn. Es waren nur wenige, die nicht eine tiefe ‚midlife crisis' in meiner Psyche diagnostizierten. Insbesondere meine ärztlichen Kollegen fanden dieses Ansinnen äußerst ungewöhnlich angesichts einer gutgehenden Praxis. Bei meinen Patienten hatte ich größtenteils Mühe, die Motivation zu einem solchen Schritt zu erklären. Manche haben mir meinen Weggang bis heute nicht verziehen.

Zunächst nahm ich über das Kultusministerium zu der Flüchtlingshilfeorganisation ‚Help' Verbindung auf, die in Pakistan afghanische Flüchtlinge betreut. Ich bot mich an, unbezahlt für ‚Help' zu arbeiten, und flog dann auch am 8. Dezember 1983 im Auftrag von ‚Help' für 6 Wochen nach Pakistan, um die medizinische Situation in den Lagern zu beurteilen. Ich verkaufte meine Praxis und regelte die finanzielle Versorgung meiner Familie. Ein wenig bedrückt war ich nach der Unterschrift schon, als ich mit meiner Frau wieder allein war. Wir sahen uns an, und sie drückte mir ermutigend die Hand. Wer A sagt, muß auch B sagen.

Etwa 6 Monate nach dieser entscheidenden Fernsehsendung stand ich dann in einem solchen Lager in der Nähe von Peshawar und sah nun selbst die entwurzelten Menschen, die, durch Bombardierungen aus ihren Dörfern vertrieben, Tag für Tag warten, bis sie irgendwann einmal in die Heimat zurückkehren und neu anfangen können. Wer es selbst nicht erlebt hat, weiß nicht, was man fühlt, wenn man in die gleichen Augen schaut, die einen einige Zeit zuvor aus dem Bildschirm angeblickt haben, wenn man die magere Hand selbst in der eigenen hält und sich von dem Dolmetscher erzählen läßt, daß dieser alte Mann zuerst eigenhändig seine Frau und drei Kinder beerdigen mußte, bevor er sich entschloß, über die Grenze nach Pakistan zu fliehen. Auch wenn hier in den Lagern die medizinische Versorgung statistisch gesehen besser ist als im Landesinneren von Pakistan, auch wenn sich die pakistanische Regierung viel Mühe gibt, die Versorgung der Flüchtlinge mit Lebensmitteln in ausreichendem Maße zu gewährleisten, es sind einfach zu viele in diesen Lagern, die Hunger haben und krank sind. Nach offiziellen Angaben der pakistanischen Regierung befanden sich allein in pakistanischen Lagern am 31. Juli 1985 2.663.690 registrierte afghanische Flüchtlinge. Zu diesen Zahlen müssen weit mehr als 500.000 hinzugerechnet werden, denn es werden keine Einzelpersonen, sondern nur Familien registriert. Zudem

kommen täglich neue Flüchtlinge über die Grenze, und die Registrierung dauert lange. Für die Flüchtlinge ist es von großer Bedeutung, registriert zu werden, denn nur dann haben sie Anspruch auf Geld, Lebensmittel, Zelte und Kleidung sowie andere Haushaltsgeräte.
Am schlimmsten habe ich die seelische Verfassung der afghanischen Landbevölkerung empfunden. Diese ehemaligen Bauernfamilien leiden hier ganz besonders unter der drückenden Enge und der jahrelangen Untätigkeit. Die Handwerker und Geschäftsleute dagegen haben es leichter, sich in Pakistan eine neue Existenz aufzubauen. Wie stark sich der Bombenterror in den Dörfern von Afghanistan und danach das untätige Flüchtlingsdasein auf die psychische Verfassung der Menschen auswirkt, zeigt die große Häufigkeit der vegetativen Disregulationen, wie z.B. Magenbeschwerden, Kopfschmerzen und das sogenannte ‚all body pain'. Am meisten leiden neben den Kindern auch die Frauen unter diesem jahrelangen Flüchtlingsdasein. Die Afghanen haben mit die strengsten Bräuche der ganzen islamischen Welt, gerade was die gesellschaftliche Stellung der Frau betrifft. Je nach Tradition der Familie treten die Frauen in der Öffentlichkeit verschleiert auf und sehen die Außenwelt nur durch ein Stoffgitter, das in den Kopfschleier eingearbeitet ist. Der Mann ist der Frau übergeordnet. So trägt auch nur ein guter Mann Sorge für die Gesundheit seiner Frau. Beim Arztbesuch erklärt er selbst oder eine Begleitperson die Symptome der Patientin, und der Arzt stellt aufgrund dieser Angaben und der Untersuchung eine Diagnose. Nur selten ist die Frau bereit, ihre Beschwerden selbst anzugeben. Selbstverständlich besuchen Männer und Frauen an getrennten Tagen die Dispensary im Lager (eine Dispensary ist eine kleine medizinische Versorgungsstelle). Durch die starke Tabuisierung von gynäkologischen Erkrankungen haben viele Frauen oft wochenlang heftigste Schmerzen und Blutungen, bevor sie es wagen, diesen Umstand ihrem Mann mitzuteilen und die Behandlung zu erbitten.

Als ich nach 6 Wochen wieder im Flugzeug nach Deutschland saß und mir überlegte, was mein Bericht an ‚Help‘ alles enthalten müßte, hätte ich am liebsten nur geschrieben: »Die beste Medizin für diese armen Menschen ist, wenn sie heimgehen könnten in ein befriedetes und befreites Land.«
Kurz darauf hörte ich vom Bonner Afghanistan Komitee, das sich damals erst gebildet hatte, und nahm Verbindung mit dieser Gruppe auf. Im Gespräch mit den beiden Gründungsmitgliedern, Herrn Kantel und Herrn Lerch, schlug ich diesen vor, für das Bonner Afghanistan Komitee im Land Afghanistan selbst eine medizinische Hilfsorganisation aufzubauen, wie das die Franzosen schon getan hatten. Freilich bat ich um eine finanzielle Unterstützung, da ich ja keine Einkünfte mehr aus meiner Praxis hatte, und es wurde mir ein kleiner Betrag zugesichert.
Die medizinische Versorgung im Landesinneren war mehr oder minder zusammengebrochen, und wir waren alle der Meinung, daß auch von unserer Seite etwas geschehen müßte. Nach Angaben der ‚Mudschahedin Doctors Association‘ lebten in Afghanistan vor dem Einmarsch der Sowjets etwa 1100 Ärzte. 800 sind ins Ausland geflohen, 100 sollen umgekommen sein, und etwa 200 arbeiten für die Regierung Babrak Karmals. Nach unseren Schätzungen befanden sich 1985 vielleicht noch 50 afghanische Ärzte im gesamten freien Teil des Landes. Ein Großteil von ihnen arbeitet mit europäischen Organisationen zusammen, die in Afghanistan selbst tätig sind, doch gibt es auch noch einige frei praktizierende Ärzte. Der größte Teil von ihnen ist an den Universitäten Kabul und Jalalabad ausgebildet worden und arbeitet in den Städten, hauptsächlich in den Krankenhäusern. Für die Landbevölkerung gab es vor dem Einmarsch eine staatliche medizinische Versorgungsstelle, die bei akut auftretenden, epidemischen Krankheiten, wie z.B bei Malaria, Tuberkulose, Polio usw, Behandlungs-Kampagnen veranstaltete. In den Dörfern selbst herrschte die traditionelle Heilkräuter- und Barbiermedizin. Die Bevölkerung hatte jedoch jeder-

zeit die Möglichkeit, in den nahe liegenden Städten oder den staatlichen medizinischen Zentren auf dem Land Ärzte aufzusuchen. Nach der Invasion der Sowjets ist dieses System vollkommen zerstört worden. Fast alle Ärzte und Intellektuelle, die nicht mit dem Karmal-Regime zusammenarbeiten wollten, haben das Land verlassen und können nun größtenteils nicht mehr zurückkehren, außer sie würden Seite an Seite mit den Mudschahedin für die Befreiung des Landes kämpfen, was für ihre Familien in Afghanistan, sofern sie Angehörige in den von der Regierung kontrollierten Gebieten haben, gefährlich sein würde. Die Vertreibung der Intelligenz aus einem Land, das sich gegen neue Machthaber widerspenstig verhält, gehört zum Repertoire jeder Besatzungsmacht. Bisher haben sich nur wenige europäische Ärzte in das Landesinnere von Afghanistan hineingewagt. Die größte Gruppe bildeten die Franzosen, mit ca. 30 Ärzten in drei Organisationen: Médecins Sans Frontières (MSF), Médecins du Monde (MDM) und Aide Médicale Internationale (AMI). Doch das sind für so viele Millionen Menschen, die im freien Teil Afghanistans leben, zu wenige. Es gab zum Zeitpunkt meines Entschlusses, nach Afghanistan zu gehen (März 1984), nur zwei ausländische Gruppierungen, die medizinische Hilfe im Landesinneren leisteten: die Franzosen, die mit europäischen Ärzten und Krankenschwestern dorthin gingen, und die Schweden, das ‚Swedish Committee', das nur mit einheimischen, also afghanischen, Medizinern zusammenarbeitete.

Die erste Reise

Die Vorbereitungen für die erste Reise waren schnell getan. Viel zu packen hatte ich nicht, denn mir war klar, daß alles, was ich mitnehme, getragen werden mußte. Danach Pressekonferenz, Fahrt an den Flughafen, Abschied von meiner Familie, der ich zum Schluß noch etwas Zuversichtliches sagen wollte. Es gelang nicht recht, und ich kann nicht leugnen, daß mich in diesem Moment eine gewisse Unsicherheit befiel. Auf dem langen Flug in den Orient hatte ich noch viel Gelegenheit, über unser Projekt nachzudenken, das wir uns im Bonner Afghanistan Komitee vorgenommen hatten. Es wartete eine große Aufgabe auf mich: aus dem Nichts eine medizinische Hilfsorganisation im besetzten Afghanistan aufzubauen. Gut, daß ich damals noch nicht ahnte, was mich in diesem Land alles erwarten würde, sonst hätte ich vielleicht während des 5-Stunden-Aufenthaltes in Islamabad die nächste Linienmaschine nach Hause genommen. Nach insgesamt 22 Stunden Reise kam ich vormittags in Peshawar an. Eine für uns Europäer hochsommerliche Hitze empfing mich, als ich aus dem klimatisierten Flugzeug stieg. Peshawar liegt ca. 800 m über dem Meeresspiegel, und Anfang April war das Klima für dortige Verhältnisse noch gut erträglich. Eine Rikscha brachte mich zum Hotel ‚Galaxi', in dem ich schon während meines ersten Aufenthaltes für ‚Help' gewohnt hatte. Da saß ich nun in einem Hotelzimmer, das für orientalische Verhältnisse recht sauber war, und überlegte die weiteren Schritte. Ich stand zwar nicht unter Zeitdruck, bemerkte aber in mir eine gewisse Nervosität, die mich grundlos zu größter Geschäftigkeit antrieb. Den ganzen Nachmittag versuchte ich, mit dem vorsintflutlichen Telefon im Hotel die einzelnen Hilfsorganisationen zu erreichen, was häufig an der Laune des orientalischen Nachrichtensystems scheiterte. Briefe konnte ich auf dem wackeligen Tisch meines

Hotelzimmers erst schreiben, als ich eine abenteuerliche Rikscha-Rundfahrt durch ganz Peshawar unternommen hatte. Anscheinend haben dort Briefmarken und Briefpapier Seltenheitswert. Am nächsten Morgen fand ich mich vollständig angezogen an der Bettkante wieder und schloß daraus, daß mich der Schlaf beim Tagebuchschreiben überwältigt haben mußte. Die meisten Hoffnungen hatte ich in das Internationale Rote Kreuz gesetzt, das mir sicher eine gute Ausstattung an Medikamenten auf meine Reise ins Landesinnere mitgeben würde. Nach dem dürftigen Frühstück setzte ich mich also wieder in eine Motor-Rikscha, die mich durch das unvorstellbare Menschengewühl in den Straßen zum Zentrum des Internationalen Roten Kreuzes brachte.

Peshawar hatte vor dem Krieg etwa 300.000 Einwohner. Durch die Flüchtlinge aber hatte sich innerhalb kürzester Zeit die Zahl verdoppelt, und so leben hier die Menschen in einer unglaublichen Enge. Häuser, Läden, Menschen, alles starrt vor Dreck, und auf den Straßen bewegt sich ein lärmendes Chaos.

Ich wurde vom medizinischen Leiter des Roten Kreuzes, einem schlanken, hochgewachsenen norwegischen Arzt, sehr höflich und kollegial empfangen, aber nach der Darlegung meines Vorhabens und der Bitte um Medikamente schüttelte er bedauernd den Kopf und sagte, daß er mir aufgrund seiner Vorschriften nichts geben könne. Ich sah, daß sein Bedauern echt war, bedankte mich höflich und stand schließlich wieder auf der Straße, um eine Erfahrung reicher. Es ist zwar zu verstehen, daß der Norweger nicht anders reagieren konnte, aber ich war trotzdem leicht ‚gebügelt', schließlich hatte ich das Rote Kreuz für meine sicherste Adresse gehalten. Zudem wußte ich, daß das I.K.R.K. afghanische Ärzte und Krankenpfleger mit Medikamenten versorgte. Ich lief zur nächsten Organisation. Nur gut, daß ich schon einmal hier war und mich viele Leute noch kannten.

10 Tage war ich in Peshawar, um alles Nötige zusammenzustellen. Medikamente bekamen wir vor allem von den Schweden.

Herr Anderson, Leiter des ‚Swedish Committee' gab mir sogar ein großes Doktorset, das nahezu die vollständige medizinische Ausrüstung für einen Arzt beinhaltet, der in Afghanistan ambulant behandeln soll. Darin sind ca. 90 kg Medikamente sowie kleinere chirurgische und diagnostische Instrumente enthalten. 50 kg Medikamente bekam ich von ‚Inter Aid', der christlichen Flüchtlingshilfeorganisation, 200 kg von der SAD (Society of Afghan Doctors outside of Afghanistan) sowie von anderen medizinischen Hilfsorganisationen, die in den Flüchtlingslagern helfen. Auch afghanische Freunde gaben mir, was sie erübrigen konnten. Leider fand ich unter den Spendern und Helfern keine deutsche Organisation.
An dieser Stelle müssen auch mein Freund Ibrahim Raschid und sein Bruder Halid vorgestellt werden. Ich kannte beide ebenfalls von meinem ersten Peshawarbesuch, und Ibrahim war mir als Leiter des Workshop Programms bei ‚Help' bekannt, die ja in den Flüchtlingslagern sehr gute Schnellkurse für Mechaniker und Handwerker eingerichtet hatten. Diese Ausbildung wurde leider aus mir noch unerklärlichen Gründen im Juni 1984 abgebrochen, und Ibrahim Raschid wurde entlassen. Der 30jährige Afghane, von Beruf Diplomlandwirt, lebt mit seiner Familie im Lager Nasirbagh, hat in Indien studiert und spricht sogar ein leidliches Deutsch, das er an der Amani Schule, der ehemaligen deutschen Schule in Kabul, gelernt hat.
Durch ihn und seinen Bruder nahm ich die Verbindungen zu den Kommandanten des afghanischen Widerstandes auf. Es war Kommandant Bas Mohammed, der zur Gruppe der Harakat gehört. Die Harakat ist eine Widerstandsgruppe, die unter der Führung von Mohamadi steht, einem der bedeutendsten Mullahs in Afghanistan. Diese Gruppe hat wohl den meisten Einfluß und ist die wichtigste Mudschahedin Organisation im freien Teil von Afghanistan, da sie rund ein Drittel aller Widerstandskämpfer vereint. Ihre politische und religiöse Richtung ist im Gegensatz zu den Fundamentalisten eher gemäßigt. Kommandant Bas hatte uns in sein Gebiet eingeladen, damit

wir dort mit dem Aufbau einer medizinischen Hilfe beginnen. Von ihm sollten wir auch einen Begleitschutz von etwa 30 Mudschahedin bekommen. Ibrahim hatte extra Urlaub genommen, um mich zu begleiten. Die Raschids gehören zu den etwa 600 berühmten Familien in Afghanistan, heute würde man sagen, zu den oberen Zehntausend. Aber nur wenige Mitglieder dieser Familien sind noch für ihre Landsleute aktiv. Fast alle Wohlhabenden und Intellektuellen, die die Zusammenarbeit mit den Russen verweigerten, mußten sich absetzen, um dem Gefängnis zu entgehen. Heute ‚illegal' in Afghanistan zu sein, bedeutet höchste Gefährdung für die dort verbliebenen Familienmitglieder.
Es war Ibrahim, der den Transport der ‚geschnorrten' Medikamente, immerhin 430 kg, an die Grenze nach Terimangal besorgte. Mich jedoch konnte er nicht so leicht auf dem Lastwagen verstecken wie die Kisten mit den Medikamenten.
Man muß wissen, daß der ganze Bereich vor der Grenze Afghanistans zu den Tribal Areas gehört, die für Ausländer gesperrt sind. Es sind Reservate, in denen die dort lebenden Stämme das Landesrecht ausüben. Für einen Europäer ist es nicht ratsam, sich dort blicken zu lassen, denn die pakistanischen Behörden haben in diesen Gebieten nur wenig Einfluß, und die Bewohner der Reservate handeln nach ihren eigenen Gesetzen. Nur die Straßen und die Städte werden von pakistanischen Behörden kontrolliert, trotzdem ist man auch dort nicht sicher.
Hier in den ‚North Western Frontier Provinces', wie die an Afghanistan angrenzenden Gebiete noch unter indisch-englischer Herrschaft genannt wurden, ist es wie in vielen Gegenden von Afghanistan: Männlichkeit wird durch den Grad der Bewaffnung sichtbar gemacht. Der strenge Islam der Stämme verbietet das Betreten des Gebietes durch einen Ungläubigen, und so haben Schurken - besteht die Gelegenheit - keine Skrupel, die riesige Flinte auf den Eindringling zu richten und alles von ihm zu rauben, was beweglich ist.
Auf der Strecke von Peshawar nach Terimangal muß man

sieben Sperren passieren. Als Beduine getarnt, wurde ich von einem kundigen Afghanen durch dieses Gebiet geschleust. Wie und mit welchen Tricks man diese Kontrolle umgeht, bleibt der Findigkeit des einzelnen bzw. der Gruppe, mit der man nach Afghanistan geht, überlassen. Im Gegensatz zu vielen anderen hatte ich bis jetzt Glück.

Diese erste Fahrt war für mich besonders aufregend. Ich hatte erfahren, daß die Polizei im Grenzgebiet nach mir Ausschau hielt, da ich angeblich gewisse Mißstände in Flüchtlingslagern in meinem Bericht an ‚Help' kritisiert hatte. Ein eigenes Schreiben war an die pakistanischen Grenzbehörden gerichtet worden, in dem es hieß, daß mein »unnecessary criticism« für die pakistanischen Flüchtlingsorganisationen nachteilig wäre, und weiter, daß »according to informations he is trying to make contacts across the border. It is therefore requested, that this activities may be watched strictly. If the man is located, he may be please apprehended and sent to the commissionary.« (Gemäß Informationen versucht er Kontakte über die Grenze hinweg zu schließen. Es wird daher gebeten, daß seine Aktivitäten genauestens beobachtet werden. Wenn der Mann ausfindig gemacht worden ist, möge er bitte festgenommen und an den Kommissar übergeben werden.)

Mit diesen ‚freundlichen' Aussichten war die Fahrt durch die Tribal Areas alles andere als schön.

Terimangal ist früher ein kleines Dorf mit einigen Häusern und einer Zollstation an der Grenze gewesen, hinter dem malerisch die bewaldeten Berge Afghanistans ansteigen. Als ich 1984 dort ankam, war das Dorf ein überfüllter Slum. Ein Knäuel von Menschen und Tierleibern schob sich zwischen den Lehmhütten hindurch. Vor faulenden und vor Dreck starrenden Zelten spielten manchmal noch Kinder im Straßenschmutz.

Hier staut sich der Flüchtlingsstrom aus dem Landesinneren und begegnet den Mudschahedintrupps, die nach Norden ziehen. Es gibt keine Kanalisation, und der Kot steht stellenweise knöcheltief auf der Straße, immer wieder durchgeknetet von

den Hufen der Kamel-, Pferde- und Eselskarawanen und Tausenden von Flüchtlingsfüßen. Bevor man Terimangal sieht, kann man es riechen. Die ganze Umgebung ist eine einzige Toilette. Trotz der nahen Berge ist die Wasserversorgung ein großes Problem geworden. Terimangal liegt genau an dem Papageienschnabel, den die Grenze an dieser Stelle bildet und der hier am weitesten in das Land Afghanistan hineinreicht, also ein geeigneter Grenzübergang.
Als wir die Straße von Parashinar nach Terimangal entlangfuhren, fiel mir auf, daß rechts und links von der Straße Unmengen von Holzbalken gelagert waren. Sie wurden von Kamelen aus dem Landesinneren von Afghanistan gebracht und mit Lastwagen an ihre Bestimmungsorte weitertransportiert. Dieses ganze Holz kommt aus der grenznahen Provinz Paktia.
Es gab früher eigentlich nur drei reichbewaldete Provinzen in Afghanistan: Kunar, Nangahar und Paktia. Daß Kunar und Nangahar noch nicht vollständig abgeholzt sind, ist nur dem Umstand zu verdanken, daß dort die Berge so steil sind, daß sich nicht einmal Lasttiere in diesem Gelände bewegen können. In Paktia geht das Roden dagegen einfacher. Hier gab es auch ein deutsches Paktia-Forstprojekt, das versuchte, mit den Einwohnern zusammen den zerstörten Baumbestand aufzuforsten. Aber die Gebäude und Baumschulen sind von den Russen so gründlich zerschossen worden, daß außer einer Hütte nichts mehr übriggeblieben ist. Es wird zwangsläufig weiter gefällt, da das wertvolle Holz für viele Familien die Lebensgrundlage darstellt. Ich habe selbst gesehen, daß der Krieg, obwohl sonst alles Leben vernichtend, in manchen Fällen sogar Bäume schützen kann. So sind z.B. in dieser Provinz die einsehbaren Gebiete um die sowjetfreundlichen Karmalposten von den Holzfällern oft deswegen verschont geblieben, weil sie die Gewehrkugeln fürchten mußten. Die Gegenden waren früher berühmt wegen ihrer stattlichen Zedernwälder, und es gab Bäume, die fünf Leute nicht umfassen konnten. Heute hinterläßt die Erosion bereits ihre traurigen Spuren. Nach einem

starken Regen werden die Flüsse zu einer braunen Brühe, soviel fruchtbare Erde schwemmen sie mit fort.
Drei Tage mußten wir hier in der Stadt auf die Mudschahedin warten, die uns ins Landesinnere begleiten sollten. Wegen der vielen Flüchtlinge ist fast jedes Haus in Terimangal ein sogenanntes Hotel, das aber meist nichts anderes bietet als einen länglichen, meist fensterlosen Raum, dessen Boden mit einer dreckigen Matte bedeckt ist. Man läßt die Schuhe draußen stehen und arrangiert sich so gut als möglich mit den anderen Bewohnern auf der Matte. Für uns war die besondere Schwierigkeit, daß wir einen möglichst separaten Raum für unsere Medikamente finden mußten, was auch schließlich nach einigem Hin und Her gelang. Drei Tage lang waren wir gezwungen, uns in diesem Raum aufzuhalten, damit uns die Milizia nicht noch in der letzten Minute entdeckte.
Endlich kamen die erwarteten Mudschahedin an. Ibrahim mietete am Pferdemarkt vier gesunde Tiere, und am Morgen des 3. Tages verluden wir die sorgsam eingepackten Medikamente auf die Pferde. Dann zogen wir in Begleitung von etwa 30 Mudschahedin in Richtung Grenze los.
Der heutige Grenzverlauf zwischen Afghanistan und Pakistan wurde 1893 vom britischen Empire und der afghanischen Regierung festgelegt. Die Grenze wurde nach dem damaligen verantwortlichen Außenminister in New Delhi ‚Durantlinie' genannt. Sie war aus rein militärischen und politischen Gründen festgelegt worden und trennt auch heute noch willkürlich die alten Stammesgebiete der Paschtunen (engl: Patanen) in einen Teil, der damals zu Indien kam (die North Western Frontier Provinces'), und in einen afghanischen Teil. Die Grenze ist so gezogen, daß sie auf den Bergen von Gipfel zu Gipfel verläuft, was für die indischen Grenzposten den Vorteil hatte, etwaige Überfälle von afghanischen Kriegern, die mit den Nachbarn nicht einverstanden waren, frühzeitig erkennen zu können.
Als wir also von Terimangal loszogen, wurde ich gefragt, ob ich lieber mit den Pferden auf dem Serpentinenweg den vor uns

liegenden Berg besteigen oder mit den Mudschahedin den kürzeren, doch steileren Weg gehen möchte. Einen Augenblick lang maß ich den Berg mit kritischen Augen, dachte an meine sportliche Vergangenheit als Judolehrer an der Universität Münster, dann an die zurückliegenden drei untätigen Tage und entschloß mich, mit den Mudschahedin den kürzeren Weg zu gehen. Aber schon nach der Hälfte mußte ich mir eingestehen, daß seit meiner Studentenzeit doch einige Jahre vergangen sein mußten, und ich erinnerte mich erst jetzt an das verschmitzte Lächeln Ibrahims, der das Pferd vorgezogen hatte und nun gemütlich hochgetragen wurde.
Ich bewunderte die Mudschahedin. Es waren teils auch alte Männer unter ihnen, aber alle hatten eine bessere Kondition als ich. Mit wackeligen Knien und rot wie eine Tomate kam ich oben an. Gleichzeitig eröffnete sich ein Blick in die Bergwelt Afghanistans, den ich nie mehr vergessen werde und der mich in diesem Augenblick mit allen Anstrengungen versöhnte. Es war in der Tat ein Grenzerlebnis und beinhaltete auch schon hier, in diesen ersten Minuten, die beiden Seiten meiner Reise, die immer wieder zu spüren waren: sehr anstrengend, aber auch sehr schön.
Es befiel mich gleichzeitig, vielleicht auch durch die Erschöpfung bedingt, ein wenig Mutlosigkeit. »Wenn du schon nach dem ersten Berg so fertig bist«, sagte ich mir, «wie soll es da weitergehen. Jetzt fängt die Sache doch erst an«.

Afghanisches Land

Unser Konvoi zog an mir vorüber. Die 30 Mudschahedin, meist bärtig und mit Turban oder turbanähnlicher Mütze, dem sogenannten Pakol, auf dem Kopf, die Flinte umgehängt, stapften in ihrem zum Teil erbärmlichen Schuhwerk vorbei. Dann die zwölf Pferde, von denen sechs unsere Medikamente und Gepäckstücke trugen. Die anderen sechs waren mit den Sachen der Mudschahedin beladen. Es folgte Ibrahim und winkte mir, ich solle doch auch ein Pferd besteigen, aber ich war als Junge mit 14 Jahren einmal vom Pferd geworfen und von ihm getreten worden und hatte deshalb immer noch Scheu, eines dieser unberechenbaren Tiere zu besteigen.
Etwa 7 km hinter der Grenze fanden wir die Überreste des deutschen Forstprojektes. Wirklich, alles glich nur noch einem Trümmerhaufen. Der Betonboden im Sägewerk war von Granat-Trichtern übersät, und nur eine Kammer in einem kleinen Nebengebäude existierte noch. Ein Afghane hat es als Teehaus eingerichtet. Der Samowar, mit dem unvermeidlichen, überdimensionalen Ofenrohr, und eine etwas erhöhte, rohgezimmerte Schlafplatte waren die einzige Ausstattung.
Schon von der Grenze ab waren die teils recht steilen Berghänge, die dieses Tal begrenzen, kahlgeschlagen. Die durch den Regen bedingte Erosion hat tiefe Risse gebildet, und unten im Tal lagert sich das Geröll in breiten Bänken ab. Wie reich der Baumbestand gewesen sein muß, kann man an den unzähligen Baumstümpfen erkennen, die die Hügel übersäen.
Damit wir als großer Konvoi nicht zu sehr auffielen, gingen wir ab der Grenze in Gruppen zu ca. 15 Mann. Ich war mit der ersten Gruppe vorausgegangen und wartete in dem Teehaus auf den Rest des Zuges, denn es war geplant, erst in der Nacht von hier weiterzugehen. Nur in der Dunkelheit konnte man ohne Lebensgefahr den ersten Karmalposten, etwa 40 km von der Grenze entfernt, in der Nähe von Ali-Khel, passieren.

So ein Posten hat meist die Größe eines mittleren Bauernhofes mit Stallungen. Er ist umzäunt und mit Wachtürmen bestückt, in denen Tag und Nacht bewaffnete Beobachter sitzen. An wichtigen Straßen und Verbindungen im Landesinneren sind diese sowjetfreundlichen Regierungsposten angelegt, um Mudschahedinkonvois abzufangen, zumindest aber Präsenz zu zeigen und die Bewegungen der Freiheitskämpfer zu behindern. Nur die Nacht bietet einen gewissen Schutz, und so wird Afghanistan auch erst nach Einbruch der Dunkelheit lebendig.

Gegen Abend zogen wir dann gemeinsam wieder los. Es war noch unerträglich heiß, obwohl die Sonne schon sehr tief über den Berggipfeln stand. Die schweigsamen Mudschahedin gingen in kleinen Gruppen vor und hinter den Pferden, und so wanderten wir, nur begleitet von dem Klappern der Pferdehufe, in ein langes Tal hinein. Plötzlich zogen in erstaunlicher Geschwindigkeit riesige Wolkenmassen über den westlichen Berggipfeln auf, und ein unvergeßliches Schauspiel begann. Bläulich und mit bizarren, von der Sonne hell angestrahlten Rändern ballten sich Wolkenberge zusammen und ließen bald nur noch einen schmalen Streifen am Horizont frei, durch den die Abendsonne ein unwirkliches grau-orangefarbenes Licht an die Berghänge strahlte. Nur wenige Augenblicke aber zeigten sich die Büsche und Sträucher in diesen plastischen und bestechlichen Farben. Dann löschten die Wolken das letzte Sonnenlicht. Mit einem Mal war es Nacht. Jetzt erst bemerkte ich, daß die Mudschahedin zu den Pferden gelaufen waren und versuchten, die Gepäckstücke vor dem zu erwartenden Regenschauer mit Plastikplanen zu schützen. Da brach es los. Kein Regen, sondern taubeneigroße Hagelkörner prasselten schmerzhaft auf Kopf und Schultern. Wir versuchten, die Pferde festzuhalten und irgendeinen Felsvorsprung als Unterstand zu finden. Es gab nichts dergleichen. In kürzester Zeit waren wir vom eiskalten Hagelregen bis auf die Haut durchnäßt und wateten in einem Matsch von Eiswasser. Die Luft wurde eiskalt. Ich hatte ja geschlossene Schuhe, aber die

Mudschahedin, barfuß in dem größtenteils kaputten Schuhwerk, konnten vor Kälte kaum weitergehen. Nach dem Hagel folgte dichter Regen, der den Weg, auf dem wir gingen, in einen reißenden Bach verwandelte. Sträucher und Erdschollen schwammen im Dämmerlicht an uns vorbei. Die Gegend schien weiß getüncht und reflektierte das noch spärliche Tageslicht. Das Ganze dauerte ungefähr 20 Minuten, dann ließ der Regen nach, und die Wolken gaben Stück für Stück den Abendhimmel wieder frei. Alles schlotterte vor Kälte. Keine trockene Faser am Leib, standen wir in dem dampfenden Tal. Am Tage hatte es ca. 39 Grad Celsius in der Sonne gehabt, jetzt lagen die Lufttemperaturen unter dem Gefrierpunkt.
Wir gingen bis zum Ausgang des Tales, wo das Dorf Joji liegt, in dem früher etwa 600 Familien gewohnt hatten. Aber auch dieses Dorf ist, wie die meisten in der Umgebung von Ali-Khel in der Provinz Paktia, völlig zerbombt. Die Mauern haben große Einschußlöcher, Trümmer und Balken säumen die Dorfstraße. Es wohnt fast niemand mehr hier, nur vereinzelt sieht man Mudschahedin und alte Männer. Mittlerweile war es endgültig Nacht geworden. Wir zogen die Pferde in ein kaputtes Haus, dessen Dachstuhl in sich zusammengesunken war und sein Holzgerüst wie dürre Finger in den Nachthimmel streckte. Die Mudschahedin sammelten Holz und Bretter aus dem Dorf und entfachten trotz der Nässe ein gewaltiges Feuer unter einem Dachvorsprung, der das Bombardement überstanden hatte. Mensch und Tier drängten sich frierend um die wärmenden Flammen. Alles, was man auf dem Leibe trug, konnte man buchstäblich auswringen. Ibrahim und ich ließen uns wie Brathähnchen einmal die Vorderseite und dann die Rückseite erwärmen, um trocken zu werden. Um Mitternacht waren wir dann einigermaßen wiederhergestellt. Den Medikamenten war Gott sei Dank nichts geschehen, da sie fest in Plastiksäcken verpackt waren.
Die Mudschahedin drängten wieder zum Aufbruch. Zunächst mußten wir, um an geeigneter Stelle am Karmalposten vorbei-

zukommen, den Bach wieder überqueren, durch den wir vorher gewatet waren. Aber der schmelzende Hagel von den Bergen und die Regenschauer hatten einen 40 bis 50 m breiten, reißenden Strom aus dem Bächlein gemacht, und so waren wir gezwungen, zur Überquerung nach einer geeigneten Stelle zu suchen. Die ortskundigen Mudschahedin wußten anscheinend von der gesprengten Brücke, etwa 10 Minuten flußabwärts, denn sie zeigten nach kurzer Unterredung in diese Richtung. Zuerst konnte man nur das verstärkte Rauschen des Wassers hören, dann tauchten in der Dunkelheit die Umrisse einer Brücke auf. Einer der beiden Brückenbogen war eingesunken und vom schäumenden Wasser umspült, der andere hing, seiner Stütze beraubt, schräg im Wasser. Es gelang uns, zwar mit nassen Füssen, aber ohne daß ein Pferd oder ein Mann stürzte, über das Wasser zu kommen. Der Posten konnte nicht mehr weit sein, denn in unregelmäßigen Abständen waren Schüsse aus dem vor uns liegenden Waldstreifen zu hören. Keiner sprach ein Wort. Von einer Bergkuppe aus konnten wir dann den Posten in ca. 1500 m Entfernung vermuten. Immer wieder blitzte es auf, und ein Leuchtspurgeschoß flog in Richtung Straße, prallte irgendwo auf und trudelte als Querschläger weiter in die Nacht.
Ich fragte Ibrahim flüsternd, was die Schießerei zu bedeuten habe. »Der Posten hat selbst Angst und schießt einfach auf Verdacht in die Gegend«, antwortete er.
»Sind denn da unten Leute?«
»Wahrscheinlich schon. Die Straße ist wichtig und wird von vielen Konvois benutzt, die von der Grenze her Nachschub für die Mudschahedin bringen. Manchmal kommt es auch vor, daß sie Leuchtraketen abschießen, die die ganze Straße beleuchten. Auf alles, was dann zu sehen ist, wird geschossen. Unsere Leute hier haben mir erzählt, daß sie das letzte Mal sogar Panzergranaten abgefeuert haben.«
Etwas unwohl war mir schon, als wir, nach Abwarten einer Feuerpause, das bevorzugte Einschußgebiet durchquerten. Die

Pferdehufe trappten so laut, daß ich dachte, der Posten müsse uns hören, vielleicht schaut er sogar gerade durch sein Nachtfernglas und sieht uns da laufen. Zum Glück geschah nichts. Wir zogen eilig die Straße weiter, die oft nichts anderes als eine Piste oder ein Weg war.
In Afghanistan ist man nachts fast nie allein auf der Straße. Immer wieder kommen kleine Gruppen, schwer bepackt, mit Pferden, Kamelen oder zu Fuß. Es sind alles Flüchtlinge oder Mudschahedin, die über die Grenze nach Pakistan wollen. Sie kommen aus dem Dunkel, wechseln manchmal ein kurzes Wort mit den Entgegenkommenden und verschwinden gleich wieder in der Nacht. Nur noch das Klappern der Töpfe und manchmal das Jammern eines Kindes sind länger zu hören. Die Kleinen schlafen großenteils in Säcken, die rechts und links vom Pferd herabhängen. Man kann nur das Köpfchen sehen, das im Takt zum Schritt des Tieres schaukelt.

Stunde um Stunde ging vorüber, und das Gehen wurde immer mühsamer. Die noch nassen Schuhe rieben an den Knöcheln. Langsam wurde es heller. Erst jetzt sah ich, daß das ca. 2 km breite Tal, in dem die Straße neben dem Fluß entlangführte, sehr fruchtbar war. Je näher wir Hasan Khel kamen, desto besser gepflegt war das Land. Im Vergleich zu den verkarsteten Bergen wähnte man sich hier in einem Garten. Obstbäume standen da, einige kleine Weinberge und Mandelbäume dazwischen. Auf den großen Flächen wurde Ackerbau betrieben. Aber wer mit ansieht, wie die Bauern im Morgengrauen ihre Felder bestellen, kann nur Mitleid empfinden. Da stehen 10 Männer in einer Reihe und graben mit Spaten und Hacken mühsam den Boden um.
»Sie haben kein Vieh mehr«, erklärt mir Ibrahim, «die Russen machen mit Vorliebe auch auf die Tiere Schießübungen, um Nahrungs- und Transportmittel zu vernichten«.
Ich habe es später einmal sogar in dieser Gegend selbst gesehen, wie Russen eine Kamelkarawane angegriffen haben. Ich will

das kurz erzählen, weil dieses Erlebnis auch viel von der Mentalität der Mudschahedin zeigt, die in diesem Krieg heroischen Kampfesmut zeigen, obwohl es manchmal aussichtslos ist.

Auf dem Weg nach Dubandi

Es war auf meiner 3. Reise nach Tala/Barfak, und wir waren schon die ganze Nacht hindurch gegangen. Am Tage gönnte uns der Kommandant nur vier Stunden Schlaf, dann mußten wir wieder losziehen. Nur am Abend kann nämlich der Berg von Dubandi passiert werden. Wir zogen durch ein weites Tal, das von kahlen, etwa 2000 m hohen Bergen begrenzt ist. Der Fluß war in dem 800 m breiten Geröllbett auf ein Rinnsal von 5 m Breite zusammengeschrumpft. Unser Konvoi war weit auseinandergerissen, und ich ging mit drei Mudschahedin voran. Ein 30jähriger erfahrener Kämpfer, der mit seinem Vollbart recht verwegen aussah, war unser Pfadfinder. Von ihm wurde gesagt, daß er diesen Weg schon des öfteren gegangen sei und jeden Weg und Steg selbst bei größter Dunkelheit finden könne. Dann ein weißbärtiger Großvater, dessen Alter die Tausenden von Fältchen in seinem gutmütigen Gesicht verrieten. Er war trotz der fortgeschrittenen Jahre erstaunlich gut zu Fuß. Schließlich sein 17jähriger Enkel, der sich selbst und den anderen beweisen wollte, daß er ein guter Mudschahedin sei. Großvater und Enkel zogen in den Jihad, den Heiligen Krieg. Der 17jährige brannte auf den Kampf mit den Shurebis, wie die Russen in Afghanistan auch genannt werden, und setzte sich bei jeder Gelegenheit mit seiner Kalaschnikow in Pose. Er hatte die Waffe erst vor kurzem erhalten. Sein Vater war als Mudschahedin gefallen und zwei von seinen Schwestern durch Bomben ums Leben gekommen. Er wollte sie rächen.
Wer in den Jihad zieht, ist hoch angesehen in der Familie, im Dorf und auch im Lager. Der Junge kam aus Kabbabian bei Peshawar und wollte nun den Erwartungen gerecht werden, die man in ihn gesetzt hatte. Aber diese jungen, ungestümen

Kinder leben gefährlich. Sie überschätzen sich, und der Mangel an Ausbildung führt verständlicherweise oft zu Fehleinschätzungen von Situationen, was wiederum zur Gefahr für den ganzen Konvoi oder Trupp werden kann. Wunsch und Wirklichkeit erscheinen hier als eine Einheit.
Es war heiß. Die Sonne stand im Zenit und strahlte unbarmherzig aus dem wolkenlosen Himmel. Mein Pferd trottete etwas müde vor sich hin, denn wir waren schon sechs Stunden ohne Pause unterwegs. Jeder sehnte sich danach, anzuhalten und irgendwo eine Pause zu machen. Aber alles in diesem Tal und der weiteren Umgebung war zerstört, und außer Flüchtlingen und Mudschahedin hatten wir seit dem Grenzübergang nach Afghanistan noch keinen Bewohner gesehen, alle waren nach Pakistan geflohen. Also kein Ausruhen mit Tee und Fladenbrot oder gar noch einer Schale Palau, wie der Reis hier heißt. Es würde wohl noch zwei Tage dauern, Baraki zu erreichen und damit auch etwas Trink- und Eßbares zu bekommen.
Das Dubandital ist einer der schrecklichsten Orte, die mir in Erinnerung sind. Alles ist zerstört, zerfetzte Bäume, verweste, teils aufgequollene, teils durch Hunde zerfleischte Kadaver von Lasttieren, Pferden, Kamelen, Eseln usw. Es stinkt so entsetzlich, daß man sich schon in einer Entfernung von 100 m ein Tuch vor die Nase binden muß. Zwischen diesem Leichengestank ist der süßliche, aufdringliche Haschischgeruch wahrzunehmen, der von den Cannabis-Feldern herüberkommt. Das Tal ist ein beliebtes Angriffsziel der Sowjets, da hier eine der großen Nachschubadern der Mudschahedin nach Norden und in den Panschir verläuft.
So trotteten wir weiter. Vor mir schritten schweigend Großvater, Enkel und der Pfadfinder. Eine Kamelherde von etwa 30 Tieren, die nur drei Kuchis (Nomaden) bewachten, begegnete uns, und wir wollten gerade aus dem Wege gehen, als unser eintöniger Marsch plötzlich durch ein gleichmäßiges Brummen unterbrochen wurde. Unser Pfadfinder blieb stehen. Ich richtete mich im Sattel auf, um feststellen zu können, aus welcher

Richtung das Geräusch kam. Da streckte der Pfadfinder die Hand in meine Blickrichtung und sagte: »Helikopter«. Tatsächlich, ich sah in der Ferne zwei Punkte, die dem Verlauf des Tales zu folgen schienen. Ich sprang vom Pferd und zog es in den Schutz der Felsen. Die Helikopter kamen näher. Sie waren in einer Höhe von etwa 1000 m auf Patrouillenflug. Die Kuchis versuchten zusammen mit unserem 17jährigen Jungen die Herde an den Bergrand zu treiben. Der alte Mann und ich standen noch im Flußbett, da knallte es. Etwa 25 m von uns entfernt wurden zwei Kamele in eine Wolke von Staub und Rauch gehüllt. Ich riß den Alten zu Boden. Der Raketeneinschlag in die Herde sollte jedoch nur der Anfang gewesen sein. Nun würden sie uns aufs Korn nehmen. Einer der Helikopter blieb in etwa 500 bis 600 m Höhe an einer Stelle stehen, um im Notfall Feuerschutz geben zu können, der andere fegte im Tiefflug etwa 20 m über dem Boden des Tales entlang und begann mit seinem Maschinengewehr zu feuern. Er konnte uns, da wir am Boden lagen, anscheinend noch nicht ausmachen und schoß deshalb mitten in die wild durcheinanderspringende und fliehende Kamelherde. Der Sand neben uns spritzte auf, Kugeln und Querschläger zischten uns um die Ohren. Der alte Mann stöhnte, zitterte und wollte aufstehen. Er fragte verwirrt nach dem Jungen. Ich hielt ihn an der Hand und ließ ihn nicht weg.

»Liegenbleiben, sonst bist du tot«, schrie ich ihm zu, und der Helikopter raste über unsere Köpfe hinweg. Ich mußte unwillkürlich an ein Fabelwesen denken, als ich das graue Ungetüm dahindonnern sah. Man konnte die Gesichter der Besatzung erkennen, das Grinsen des Bordschützen, dem es anscheinend Spaß machte, auf die verängstigte, kopflos durcheinander laufende Herde zu schießen. Doch schon war der Kampfhubschrauber wieder weg. Der andere kreiste in einer Höhe von 800 m weiter über uns.

»Wo ist der Junge«, fragte der Alte, »Alim?«. Da hörten wir etwa 50 m vor uns eine Kalaschnikow bellen. Ich erschrak:

»Mein Gott, der Junge schießt!« So viel Dummheit, dachte ich, als ob man dadurch einem titangepanzerten Helikopter etwas anhaben könne. Der Helikopter antwortete auch prompt. Um uns herum zischte und pfiff es. Mit scharfem Knallen zerbarsten die Steine. Wir versuchten uns mit den Fingern in den Boden zu graben.
Wie lange all dies gedauert hat, weiß ich nicht. Es kam mir jedenfalls wie eine Ewigkeit vor. Plötzlich hörten wir von den Bergen her ein schweres Maschinengewehr auf die Helikopter feuern. Zweimal, dreimal, da ließen sie von uns ab, gingen sofort auf Marschhöhe, und der obere Helikopter schoß zwei Raketen in die Richtung des Maschinengewehrs, dann flogen sie weiter in Richtung Gardez.
Mit zittrigen Knien tasteten wir uns ab, um festzustellen, ob an den Gliedern etwas fehlte, doch Gott sei Dank war keiner von uns verletzt worden. Ein Gestank von Pulver und Verbrennung erfüllte das Tal. Aus den Verstecken zwischen den Steinen krochen nun spähend die Mudschahedin heraus. Vor uns lagen drei Kamele in ihrem Blut mit weit aufgerissenem Maul. Dem einen Tier fehlte ein Teil des Bauches, das Becken und die Beine lagen etwa 2 m vom Oberkörper entfernt. Dem anderen fehlte ein Hinterbein, und es hatte am Nacken ein faustgroßes Loch. Das dritte zeigte, obwohl von Kopf bis Fuß mit Blut überströmt, keine auffälligen Verletzungen. Auch dieses war tot. Die Kuchis rannten, nachdem sie den ersten Schock überwunden hatten, in die Berge, um ihre davongelaufenen Kamele zurückzuholen. Ganz in der Nähe fanden sie die schwerverwundeten Tiere, die sich fortschleppen konnten. Von den Felsen kam unser Pfadfinder ebenfalls unversehrt mit meinem Pferd zurück.
»Wo ist Alim?« hörte ich den Alten rufen. Ja tatsächlich, Alim war nicht zu sehen. Wir liefen in die Richtung, aus der die Schüsse gekommen waren. Er lag da, den Kopf in den Sand gewühlt und die Hände über dem Oberschenkel, den sie krampfhaft festhielten. Aber es war keine Verletzung zu sehen.

2 m vor ihm war eine Rakete niedergegangen, die einen Krater von etwa 1 m Länge und 50 cm Tiefe geschlagen hatte. Gott sei Dank waren zwischen dem Jungen und dem Einschlagort der Rakete viele und große Steine. Die Splitter hatten ihn nicht erreichen können. Der Alte schrie auf und wollte sich auf den Jungen stürzen. Ich versuchte ihn zurückzuhalten, doch er riß sich los und fiel schluchzend auf ihn. Da regte sich der Junge und begann mit schmerzverzerrtem Gesicht zu schreien: »Ich bin verletzt, ich bin verletzt«. Der Alte, der den Jungen für tot gehalten hatte, kniete fassungslos und erstaunt vor ihm nieder, sein Gesicht klärte sich auf, die Trauertränen verwandelten sich in Freudentränen, und er rief, seine Hände zum Dankgebet geformt: »Allah sei Dank, er lebt«.

»Wo bist du verletzt, wo tut es weh?« fragte ich.

»Hier«, sagte der verängstigte und zitternde Junge, wobei seine Hände vom Oberschenkel bis zur Hüfte und von dort zum Unterbauch der rechten Seite wanderten. Es waren aber weder Blut noch Deformierungen zu sehen. Außer Sand und Schmutzspritzern auf der Kleidung war nichts Verdächtiges auszumachen, nicht einmal blaue Flecken oder Rötungen der Haut. Zweifellos stand der Junge unter Schock. Als der Alte bemerkte, daß der Junge nicht einmal verletzt war, fielen sich beide in die Arme, küßten sich auf die Wangen und riefen: »Dank sei Allah!« Dann zog der Alte den Jungen zum Fluß zur rituellen Waschung, der Vorbereitung für das Gebet.

Die Kuchis jedoch hatten einen schweren Verlust erlitten: außer den drei Kamelen, die sofort tot waren, hatte das russische Maschinengewehr fünf weitere lebensgefährlich verletzt. Diese waren großenteils noch ein Stück gelaufen und lagen nun sterbend zwischen den Steinen. Während die anderen noch die übrige Herde zusammenzutreiben versuchten, starrte der Mann, der für die Kamele verantwortlich war, voller Entsetzen auf die entstellten Leiber der Tiere. In seinen Augen standen Tränen. Der Pfadfinder, der in der Zwischenzeit mit meinem Pferd zurückgekommen war, raunte mir zu: »Er muß die

Kamele ersetzen. Wie will er nur seine Familie über den Winter bringen?« Ich konnte ihm keine Antwort geben.

Doch zurück zu meiner ersten Reise. Wir kamen also in Hasan-Khel an, das damals nur wenig bombardiert war, und es empfing uns eine größere Menge Leute. Ibrahim deutete mir an, daß sie wegen mir gekommen seien. Gerne begann ich, obwohl müde von der Nachtwanderung, mit der Behandlung. Es waren hauptsächlich Infektionskrankheiten, wie Ohrenentzündung, Grippe, Husten usw. Ein kleines Mädchen hatte Lungenentzündung, und im rechten Lungenflügel waren deutliche Geräusche zu hören. Ich spritzte ihr ein Antibiotikum, gab ihrer Mutter Penicillintabletten für sie und deutete ihr an, dreimal täglich eine Tablette zu verabreichen. Es war schwierig, der Mutter etwas zu erklären, da sie kein Wort Englisch sprach und ich damals noch kein Dari, die Sprache der Einheimischen. An der Stellung der Sonne morgens, mittags und abends versuchte ich es ihr deutlich zu machen, aber sie verstand nichts. Ibrahim mußte helfen. Alles in allem konnte er während meiner Behandlung leider nur sehr bedingt als Übersetzer fungieren, da er sich um den Konvoi kümmern mußte. Hier war es auch, daß ich zum ersten Mal eine Schußverletzung sah, ein Wadendurchschuß am linken Bein, ca. zwei Wochen alt, aber falsch behandelt und deshalb infiziert. Nach einiger Zeit kam Ibrahim zu mir vor das Haus, vor dem ich behandelte, und schickte die Leute weg, um mich zum Essen zu holen. Obwohl mir die enttäuschten Gesichter leid taten, war ich froh, die müden Beine ausstrecken zu können. Muskeln und Gelenke waren schwer wie Blei.

Aber schon mittags brachen wir wieder auf, denn es war noch eine lange Strecke zu bewältigen. Am Nachmittag zogen wir durch das Tal nach Dubandi und kamen auch an der Stelle vorüber, an der ca. ein Jahr später die Kamele ihren Tod finden sollten. Auch schon bei dieser ersten Reise war die Gefahr groß, von den Helikoptern entdeckt zu werden. Die Russen kontrollie-

ren das Tal wegen der wichtigen Verbindungsstraße nach Baraki sehr häufig. Glücklicherweise ließ sich aber damals kein Helikopter blicken.
Gegen Abend rasteten wir in einem Teehaus an der Straße - bei meiner ersten Reise standen noch einige Häuser, heute sind sie alle zerstört - und ich schlief, dort sitzend, sofort ein. Nur drei Stunden gönnte uns der Kommandant, dann scheuchte er uns wieder von unseren Plätzen.
Offen gestanden hatte ich die Nachtwanderungen satt und sah die Notwendigkeit, am Tag zu schlafen und in der Finsternis zu wandern, nicht so ganz ein. Damals wußte ich noch nicht, wie wichtig es war, wegen der fast täglichen Patrouille den Paß von Dubandi in der Nacht zu überqueren.
Wir liefen wieder los. Der Paß liegt etwa 3300 m hoch und war noch ganz mit Schnee bedeckt. Je höher wir stiegen, um so kälter wurde es. Nach den langen Märschen in den letzten Tagen kostete jeder Schritt viel Kraft. Stunde um Stunde ging es steil bergan. Man sah in der Dunkelheit nicht, wohin man auf dem steinigen Pfad treten sollte. Ich war nach einiger Zeit naßgeschwitzt und sehnte mich danach, stehenbleiben und ausruhen zu können. Aber wenn man das Gehen unterbrach, kroch sofort die Kälte in die feuchten Kleider. Es gab Minuten auf diesem Weg, in denen ich wirklich nicht mehr wußte, wie es weitergehen sollte. War der Weg etwas breiter, so war es möglich, sich am Riemenzeug eines Pferdes festzuhalten, das aber durch die ungleiche Belastung dann häufig ins Stolpern kam. Es ging nicht anders, ich war gezwungen, beinahe ohne Rast bis zum Morgengrauen auszuhalten. Als wir an der Bergkuppe ankamen, ging gerade blutrot die Sonne auf. Wieder ein Grenzerlebnis. Schlotternd vor Kälte und zum Umfallen müde, nahm mein Gehirn die Farbenpracht mit der Wachheit auf, die manchem Erschöpfungszustand eigen ist. Im Osten hinter uns flammte ein Berggipfel hinter dem anderen auf, von der Morgensonne angestrahlt. Vor uns lag das dunstige, weite Land Afghanistans.

Obwohl wir hier oben 30 Menschen waren, konnte ich mich eines Gefühls der Einsamkeit nicht erwehren. Der Gedanke an zu Hause, an meine Frau und meine Kinder, kam mir in den Sinn. Es war, als seien diese Bilder wie aus einer anderen, fremden Welt, die unendlich weit hinter mir zurückliegt.
Nicht lange konnten wir so stehen, nachsinnen und schauen, denn die Kälte begann zu beißen. Wir nahmen die Pferde und begannen den Abstieg. Anfangs waren wir noch froh, endlich bergab gehen zu können, aber dann wurde es so steil, daß uns nach kurzer Zeit die Knie weh taten. Die Mudschahedin waren alle schon unten, da plagten sich Ibrahim und ich immer noch mit dem Abstieg. Endlich unten angekommen, war die Müdigkeit soviel größer als meine Angst, daß ich das erste Mal seit mehr als 40 Jahren wieder ein Pferd bestieg.
In Dubandi angekommen ließ uns der Kommandant aber auch hier nur kurze Zeit zur Rast. Von Dubandi nach Baraki sind es ca. 70 km, und nach Verlassen des schützenden Tales ist eine ca.60 km lange Hochebene zu durchschreiten, die man geradezu als russisches Panzeraufmarschgelände bezeichnen kann. Der 60 km Gewaltmarsch mußte also wieder in der schützenden Dunkelheit einer einzigen Nacht bewältigt werden.
Nur gut, daß man mir von dem bevorstehenden Marsch nichts erzählt hatte, sonst wäre ich verzweifelt.
Man sah im Dämmerlicht die ausgebrannten Lastwagen, und im Flußbett, das zur Karawanenpiste geworden war, lag hie und da der Torso eines Panzers, von dem alles Bewegliche abmontiert worden war. Das Eisen wird von den Schrotthändlern in Pakistan zu Geld gemacht.
Die ersten Stunden waren ja noch erträglich, aber nicht lange nach Sonnenuntergang wurde es empfindlich kalt auf dieser Hochebene. Nach fünf Stunden Marsch verspürte ich plötzlich unerträgliche Rückenschmerzen. In der Nierengegend stach es bei jedem Schritt. Die Pferde waren zu müde, um zu ihrem Gepäck noch einen Reiter tragen zu können, und so blieb mir nichts anderes übrig, als weiterzugehen. Am Ende spürte

ich meine Füße überhaupt nicht mehr. Sie setzten automatisch Schritt vor Schritt, als würden sie nicht zu meinem Körper gehören. Bei Pule-Alam mußten wir die Teerstraße Kabul-Gardez überqueren. Sie liegt ungefähr drei Gehstunden vor Baraki und wird als wichtige Verbindungsstraße täglich von Helikoptern kontrolliert. Ibrahim klärte mich erst jetzt über die eventuellen Folgen auf, wenn wir Baraki vor Sonnenaufgang nicht erreichen würden. Auf der freien Ebene ist jedes Lebewesen ein geeignetes Ziel für die Maschinengewehre.
Es gibt auf der ganzen Hochebene nur zwei Dörfer, und diese waren zerstört. Sie tauchten wie Geisterstädte im schwachen Mondlicht auf, nur ein Hund bellte uns aus einer Fensteröffnung an. Einmal machten wir eine halbe Stunde Rast, dann ging es unbarmherzig weiter. Immer wieder zog ich die gefaltete Landkarte aus meiner Brusttasche und versuchte zu erkennen, wie weit es noch bis nach Baraki sei. Langsam begann es im Osten zu dämmern, aber immer noch war keine Stadt in Sicht. Ich scheuchte die aufdringlichen Gedanken fort, die mir einen Schwarm von Helikoptern am Morgenhimmel vorgaukelten. Ich verlor das Zeitgefühl. Durch die Angst und Erschöpfung hindurch drang immer wieder ein einziger Gedanke: »Bloß nicht stehenbleiben.« Endlich sah man am Fuße der Hügel, die langsam im Morgengrauen auftauchten, einen langen, dunklen Streifen, der auf Vegetation und Behausungen schließen ließ. Die ganze Ebene ist ja sonst nur eintönige Steppe, immer wieder durchwühlt von den Panzerketten. Ich weiß nicht mehr wie lange es noch gedauert hat, bis ich endlich die ersehnten Lehmhütten von Baraki ausmachen konnte.
Baraki ist so groß wie eine Kleinstadt und bisher nicht bombardiert worden. Ich weiß nicht warum, aber vielleicht besteht ein stillschweigendes Übereinkommen zwischen den Mudschahedin und den Regierungstruppen, diese wichtige Provinzstadt in Logar nicht zu zerstören, obwohl diese Stadt jederzeit ohne

große Anstrengungen von den Sowjets bombardiert werden könnte. Die sowjetischen Panzer können innerhalb von 2 bis 3 Stunden vor der Stadt stehen, und den Freiheitskämpfern bliebe nur noch die Flucht.
Es gibt hier einen großen Bazar, und auf den Tischen der Händler liegt alles, was sich ein Afghanenherz wünschen kann. Da baumeln die Krüge der Töpfer an langen Leinen über den Köpfen, die Tuchhändler stehen zwischen den Stoffballen in ihren ausgepolsterten Läden, und die Brotverkäufer bieten an allen Ecken, auf appetitlich orientalische Weise, ihre flachen Brotfladen an. Über dem Geflügelmarkt liegt ein beißender Gestank, durchsetzt von feinem Federstaub. Zu viert oder fünft am Fuß zusammengebunden, liegen die Hähnchen am Boden zum Verkauf, freilich lebendig und ununterbrochen von kritischen Händen am Rücken abgegriffen. Teilweise sind sie auch in Kisten, aus denen nur der Kopf herausschaut, und in rohgezimmerten Käfigen werden Enten, Hühner und Gänse angeboten. Koscher geschlachtet und manchmal als Serviceleistung gleich entfedert, wandern sie, in altes Zeitungspapier eingewickelt, in die Einkaufskörbe.
Aber die malerische Stadt ist gefährlich. Ungefähr ein Jahr zuvor, am 16. Januar 1983, war der französische Arzt Phillip Angoyard, der hier in der Stadt behandelte, von den Russen gefangengenommen worden. Der 29jährige Mediziner, der für ‚Aide Médicale Internationale' arbeitete, mußte fünf Monate in Gefangenschaft zubringen.
Mühsam schleppte sich unser Konvoi in die Stadt. Ich weiß nicht mehr, wie ich in die Herberge hineingekommen bin. Sobald ich irgendwo zu liegen kam, befiel mich ein der Bewußtlosigkeit ähnlicher Schlaf.
Als ich zu Mittag aufwachte, waren die Glieder zwar noch bleischwer, aber das prächtige Essen, das Ibrahim und die Mudschahedin eingekauft und zubereitet hatten, weckte erneut die Lebensgeister. Es gab Rindfleisch, als Kebap schön zubereitet, mit zwei verschiedenen Reissorten, Rosinenreis und Curry-

reis, dazu verschiedene Soßen. Wir tranken das sogenannte Shloumbeh, eine Art Buttermilch, die leicht gesalzen ist.
Kurz darauf wurde unserem Kommandanten gemeldet, daß zwei gefangene Russen in der Stadt seien. Da ich, aus Lodz gebürtig, neben Tschechisch und Polnisch auch etwas Russisch spreche, nahm mich der Kommandant mit. Einige Straßen weiter trafen wir die Russen auf dem Bazar, wohin Mudschahedin die beiden Soldaten mitgenommen hatten. Sie waren, wie ich später erfuhr, bei einem Hinterhalt, den die Russen hier in der Gegend einem Mudschahedin-Konvoi gelegt hatten, in Gefangenschaft geraten und sollten von hier aus in die sicheren Lager in den Bergen transportiert werden. Ich wunderte mich, als ich die beiden sah, denn die sechs unbewaffneten Mudschahedin, die anscheinend die Russen bewachen sollten, ließen sie frei herumlaufen und kauften ganz unbekümmert nebenbei die notwendigen Dinge auf dem Bazar. Beide Sowjets waren ca. 21 Jahre alt. Der eine hatte schönes rotes Haar und einen ebensolchen Bart. Der andere war rasiert, dunkelhaarig und etwas kleiner. Sie sahen gutgenährt aus und machten keinen besonders verschüchterten Eindruck. Als ich sie auf russisch ansprach, zeigten sie sich zunächst positiv überrascht. Ich wollte ganz freundlich mit ihnen eine Unterhaltung beginnen und fragte, wo sie denn herkommen und wie sie in diese Lage gekommen seien. Aber da hatte ich wahrscheinlich zuviel wissen wollen. Es regte sich Mißtrauen in ihren Gesichtern. Vielleicht hielten sie mich für einen Spion. Sie besprachen sich kurz, ohne daß ich etwas verstand, und sagten schließlich auf Dari zu ihren Begleitern, daß sie in Ruhe gelassen werden möchten. Die Mudschahedin deuteten darauf meinem Kommandanten an, daß es besser sei, sie nicht zu stören, und so trennten wir uns wieder.
Damals hatte ich noch wenig Erfahrung mit der Mentalität der Afghanen und wunderte mich über die fast höfliche Behandlung der Russen, die ja doch Tag für Tag die Bevölkerung durch Bombardierungen drangsalieren. Die Afghanen sind zwar seit

Urzeiten ein kriegerisches Vielstämmevolk, das immer wieder im Konflikt mit irgendeinem Nachbarn liegt, sind auch im Kampf manchmal unberechenbar und hart, aber wenn die Wut verraucht ist, kommt ein eher sensibles Gemüt zum Vorschein. Als wir nach dem Gespräch mit den Russen in die Straße unserer Herberge einbogen, sahen wir, daß unsere Mudschahedin schon wieder packten. Die Pferde standen vor der Tür und wurden eifrig beladen. Um sie herum drängte sich eine Schar von Kranken, die anscheinend erfahren hatten, daß ein Arzt in der Stadt sei und geduldig auf diesen warteten. Obwohl die Mudschahedin zum Aufbruch drängten, fing ich an zu behandeln, denn dafür war ich ja schließlich gekommen. Es kamen zwei Patienten mit Lungenkrankheiten, bei denen ich Verdacht auf Tuberkulose diagnostizieren mußte. Es wurde auch oft über Magen- und Darmbeschwerden geklagt. Vor allem die Kinder waren häufig von Darmwürmern befallen. Sehr oft ist ihr Stuhl von diesen fadenartigen Würmern so übersät, daß er weißlich verfärbt und wie lebendig erscheint. Manchmal bringen die Eltern zur Demonstration des Wurmbefalls auch die 10 - 15 cm langen Askariswürmer als Beweisstück mit. Diese sind viel gefährlicher als die kleinen, weißen Stuhlwürmer.
Die Patienten kommen selten allein, meistens mit Familie, und so steht immer eine riesige neugierige Menge um den Behandlungsort und nimmt den notwendigen Platz weg. Kaum hatte ich die offensichtlich Schwerkranken versorgt, kam auch schon der örtliche Kommandant mit seiner ganzen Familie. Er hatte uns die Herberge und Verpflegung arrangiert und sogar versprochen, uns mit dem Jeep zur Straße Kabul-Ghazni zu bringen, ein wahrer Luxus. So konnte ich trotz der wesentlich schwereren Fälle, die noch zu behandeln waren, das Drängen des Kommandanten nicht abwehren und untersuchte vier kerngesunde Kinder von oben bis unten. Gegen 16 Uhr schließlich mußten wir endgültig aufbrechen. Ibrahim und ich fuhren in dem Wagen - aus dem angeblichen Jeep war sogar ein Lastwagen geworden - in dem soweit wie möglich auch das Gepäck

untergebracht war. Die Mudschahedin ritten zum Teil die entlasteten Pferde, und so kamen wir doch recht schnell bis kurz vor die Straße Kabul-Ghazni.
Es sind ca. 20 km von Baraki dorthin, aber diese gehören zu den schönsten und angenehmsten meiner Reise. Wir mußten nur wegen der Helligkeit auf die Helikopter achtgeben. Aber nach so langem Fußmarsch in diesem technischen Wunderwerk ‚Auto' zu sitzen, ist ein unbeschreibliches Gefühl. Man hat Zeit, die Landschaft zu betrachten, die hier um Baraki fast gar nicht zerstört ist. Überall stehen zwischen den Feldern kleine Gehöfte in der typisch afghanischen Bauweise. Man denkt unwillkürlich an den Spruch: My home is my castle, wenn man sie sieht. Hohe fensterlose Lehmmauern, im Viereck angeordnet, schützen die Wohnung vor den Blicken und manchmal wohl auch vor den Kugeln der Fremden. An den vier Ecken der kleinen Lehmburg sind Aufbauten angebracht, die an Wachtürme erinnern. Nur eine Türe ermöglicht den Zugang zu den in Atriumbauweise angeordneten Wohnräumen, die aus dem Innenhof ihr Licht erhalten. Auf dem festgestampften Lehmboden stehen nur spärlich rohgezimmerte Möbel. Sonst liegen dort die schönen Orientteppiche, je nach Reichtum der Familie. Die Wände sind oft weiß getüncht und reflektieren so das knapp bemessene Licht aus dem Innenhof. Ein gemütliches Zuhause in orientalischer Einfachheit.
Gegen Abend kamen wir dann in der Nähe der Straße an und verabschiedeten uns vom Kommandanten von Baraki. Wieder galt es einen Karmalposten in der Dämmerung zu passieren, der hier, nicht weit von Sheikahbad, die Straße kontrollierte. Die Mudschahedin wirkten konzentrierter und sorgten energisch für Ordnung und Disziplin bei den Pferden. Es waren noch andere Mudschahedin, anscheinend Männer hier aus der Gegend, zu uns gestoßen, denn sie kannten wirklich jeden kleinsten Pfad. Durch einen verdeckten Seitenweg kamen wir direkt an die Straße. Aus der Deckung eines ausgebrannten Lastwagens, der dort am Straßenrand lag, beobachteten die

Mudschahedin erst eine Zeitlang die Straße und den Posten, den ich in dem gepanzerten Gehäuse mit den Schießscharten vermutete. Dann winkte uns der Kommandant, und wir überquerten eilig die leblose Teerstraße. Durch niedriges Buschwerk ging es vorbei am Stacheldraht des Stützpunktes, bis wir in einer kleinen Mulde ankamen, die so tief war, daß der Posten sie nicht mehr einsehen konnte. Wir atmeten freier und stiegen nach Tek-Wardak ab. Auch hier ein großes Tal, vom Krieg fast unberührt, in dem die Dörfer bewohnt sind und die Äcker bestellt werden, ganz anders als in der Grenzprovinz Paktia, wo beinahe jedes Dorf dem Erdboden gleichgemacht wurde.

In Tek-Wardak kamen wir kurz nach 3 Uhr nachts an und legten uns sofort zur Ruhe. Für den nächsten Tag war eine Pause geplant, die auch alle sehr nötig hatten. Schon der Morgen war wunderschön. Man hatte endlich Zeit und konnte dem Dorf beim Aufwachen zusehen. Ein Hahn kräht, es riecht nach Feuer, und ab und zu geht ein Dorfbewohner schon seiner häuslichen Arbeit nach. Langsam geht die Sonne über den Lehmhäusern auf.

Zu Mittag kaufte Ibrahim einen Hammel, und wir machten mit den Mudschahedin ein richtiges Fest. Sogar der Dorfälteste kam. Es wurde viel gegessen, getrunken und erzählt, und die sonst so schweigsamen Gesichter wurden freundlich und gesprächig. Ich konnte nicht lange bei dem Fest bleiben, weil eine Menge Kranker auf mich wartete. Im Straßengraben, ein paar Hausecken weiter, begann ich zu behandeln. Es waren die üblichen Erkrankungen, die ich mittlerweile schon kannte. Bedingt durch die schlechten hygienischen Verhältnisse und die mangelhaften Waschgewohnheiten, sind Hautkrankheiten relativ häufig. Vor allem kleine Kinder, die selten gepflegt werden, sind stark von der Krätze befallen. So mußte ich auch hier einem Kind den mit den Haaren verklebten Schorf regelrecht vom Kopf herunterschneiden. Ich hatte bisher noch keine größeren Kriegsverletzungen gesehen, was mich in einem kriegführenden Land wie Afghanistan verwunderte. Ibrahim erklärte, daß im Grenzgebiet alle Verwundeten sofort nach Pakistan ins Krankenhaus gebracht werden, da im Lande ja kaum ein Arzt zu finden ist. Zudem besteht die berechtigte Angst, daß man als Mudschahedin oder deren Sympathisant in einem Krankenhaus in Kabul auf Nimmerwiedersehen verschwindet.

Das Mißtrauen gegen alles, was mit Rußland zu tun hat, ist groß. So geschah es zum Beispiel bei meiner 3. Reise, daß ein Mann zu mir kam, der auf eine Mine getreten war. Der Fuß war am Knöchel vollkommen abgerissen und der Stumpf infiziert. Mangels geeigneten Operationsgerätes konnte ich die Wunde nicht ausschneiden und wollte behelfsmäßig Penicillinpuder auftragen. Diese Ampulle Penicillinpuder aber hatte ich von Mudschahedin bekommen, die beim Überfall auf einen russischen Konvoi Medikamente erbeutet hatten. Als der Mudschahedin sah, daß auf der Ampulle russische Buchstaben zu lesen waren, sagte er: »Äh, not good, not good« und winkte energisch mit dem Zeigefinger. Erst als ich eine andere Ampulle aus DDR-Beständen hervorholte und die Aufschrift auf englisch vorlas, »Jena Pharma DDR«, war das Penicillin gut genug für seine Wunde. Da also nur wenige Vertrauen zu den Ärzten haben, die für die Karmalregierung arbeiten, sind die Verletzten meist auf Selbst- oder Kameradenhilfe angewiesen. Bei Schwerverwundeten ist die einzige Sorge der Angehörigen, daß der Kranke den Transport bis zur Grenze durchhalten wird.

Nach einiger Behandlungszeit hier im Straßengraben kam der Sohn des örtlichen Kommandanten und bat mich eindringlich, zu ihm nach Hause zu kommen. Ich behandelte die Ohrenentzündung des Jungen, den ich gerade verarztete, fertig und packte meine Sachen. Hier mußte es sich - der Aufregung des Jungen nach zu schließen - um einen Notfall handeln. Nach etwa fünf Gehminuten kamen wir an ein Haus, in dem es schon beim Betreten des Vorraumes erbärmlich stank. Man sagte mir, daß die Mutter der Familie krank sei. Die Patientin lag in einem

fensterlosen Raum, in dem man kaum noch atmen konnte. Die Frau hatte eine offene Krebsgeschwulst am Unterbauch, aus der ständig Flüssigkeit in die darunterliegenden Tücher nässte. Sie war bereits nicht mehr ansprechbar. Ich gab der Sterbenden eine schmerzstillende Spritze und erklärte dem Kommandanten, der hilflos vor dem Raum auf und ab ging, daß eine Behandlung mit Penicillin hier nichts mehr ausrichten könne. Der Junge hatte mich schon auf dem Herweg gefragt, ob ich auch genügend Penicillin dabei hätte. Dieses Medikament ist für viele Afghanen das Heilmittel schlechthin.
Kaum war ich wieder auf der Straße, übergab mich der Kommandant dem Vater einer ihm befreundeten Familie, und so wurde ich in dessen Haus geführt, um die tuberkulöse Großmutter anzusehen. Nachdem ich bei drei bis vier Familien herumgereicht worden war, wurde es immer offensichtlicher, daß es nicht mehr um akute Erkrankungen ging, sondern schlicht um die Tatsache, von einem deutschen Doktor untersucht zu werden. So verständlich und berechtigt auch der Wunsch sein mag, einmal in seinem Leben von einem Doktor untersucht zu werden, ich mußte nach einiger Zeit einen deutlichen Schlußstrich ziehen, sonst wäre ich in dieser Nacht wohl nicht mehr zum Schlafen gekommen.
Am nächsten Tag zogen wir weiter nach Banditschak, wo ein großes, teilweise noch intaktes Kraftwerk für den Strom in Kabul arbeitet. Die Reise ging jetzt mehr nach Norden, denn dort lag unser Bestimmungsort Barfak, wo der Kommandant auf uns wartete. Nun gab es auch mit den Mudschahedin, die uns begleiteten, medizinische Probleme. Manche hatten sich in Pakistan auf dem Markt neue Schuhe gekauft, was sie jetzt mit bösen Blasen bezahlen mußten. Ich hatte immer öfters geschwollene Knie und schmerzende Gelenke zu behandeln. Einmal sogar einen blutigen Erguß im Knie, den ich punktieren mußte. Ich machte dem Mann klar, daß er nicht weitergehen könne, sonst würde die Sache noch schlimmer werden, aber er ließ sich nicht dazu bewegen, einige Tage auszuruhen. Obwohl

ich das Bein fest bandagierte, mußte er am Abend bereits im nächsten Dorf bleiben und war unfähig, das Knie auch nur ein wenig ohne Schmerzen zu bewegen. Ich konnte auch verstehen, warum er nicht in der Nähe von Wardak bleiben wollte. Es handelte sich ganz einfach um ein Sprachproblem, denn in dieser Gegend spricht man Paschtu, unsere Gruppe kam jedoch aus Bhaglan, wo man Dari, die afghanische Art von Farsi, spricht. So wollte dieser Mann wenigstens bis Bamjan mitgehen, denn dort konnte er sich verständigen.
Dabei stand uns jetzt noch eine gewaltige Etappe bevor. Wir hatten den 3600 m hohen Kotal-Hajigak zu überwinden, um in das Gebiet von Barfak zu kommen. Die lange Reise bisher war oft bis an die Substanz gegangen, und so hatte ich ein wenig Angst vor den Tagen, die noch zu laufen waren, bis wir Kalu erreichen würden.
Ab jetzt wurde wieder in der Nacht gegangen. Zermürbend lang werden die Stunden. Man lernt die Nacht kennen. Es gibt helle und dunkle Nächte, schöne und bedrückende. Nächte, in denen Myriaden von Sternen wie an einer großen Kuppel aufgehängt über der Welt stehen, und Nächte, in denen ein kalter Wind die Wolkenfetzen über den dunklen Himmel jagt. Tags zuvor hatten wir wieder nur ein paar Stunden Pause gemacht. Die Mudschahedin gingen jetzt auch immer schneller, da sie der Heimat näher kamen. Am Abend marschierten wir wieder los, um in der Nacht den Paß zu überqueren. Am liebsten wäre ich dageblieben, denn irgendwie wurde mir das Gehen jetzt zuviel, zudem mein rechter Knöchel durch die Überbelastung immer mehr schmerzte. Hätte mich jemand während dieses Aufstiegs gefragt, ob ich meinen Beschluß hierherzukommen bereue, dann weiß ich nicht, was ich in diesem Augenblick geantwortet hätte.
Diese Nacht ging an die Grenze meiner Existenz. Es half auch nicht, daß ich die Taschenlampe von Zeit zu Zeit herauszog und die Strecke auf der Landkarte nachmaß. Gegen Ende mußte ich mir auch das verbieten, da ich immer öfter versucht war nachzu-

sehen, ob der Weg nicht endlich kürzer geworden sei. Beim Abstieg war ich gezwungen, mich an einem Pferd festzuhalten, da meine Knie immer öfter durchknickten.

Dann endlich die Häuser von Kalu. Der Anblick der ersehnten Lehmhütten in der Morgendämmerung gehört zu den Momentaufnahmen, die ich sicher in meinem Leben nicht mehr vergessen werde.

In Barfak

Ich weiß nicht mehr, wie lange ich geschlafen habe. Irgendwann tauchte Ibrahims Stimme in meinen Träumen auf und redete so lange, bis ich aufgewacht war. Ein üppiges Frühstück versöhnte mich wieder mit dem Leben, und vor die Türe tretend bemerkte ich, daß es eher ein Abendessen gewesen sein mußte, denn die Sonne war bereits am Untergehen. Ein kleines Mädchen wurde zu mir gebracht, das beim Spielen gestürzt war und sich eine böse Platzwunde über dem Auge zugezogen hatte. Der schöne weiße Verband, den es nach der Behandlung voller Stolz am Kopf trug, begeisterte die kleine Kinderschar, die das Mädchen bewundernd umringte.

Kurz danach riefen die Mudschahedin zum Aufbruch. Zur Verabschiedung des Konvois kam der Dorfälteste noch einmal auf uns zu, umarmte uns, und so verließ ich das ‚Dorf der Sehnsucht', jetzt aber auf einem Pferderücken, der mich ohne Mühe die nächste Etappe bis nach Schaschpul trug. Dort wurde uns dann auch ein Auto zur Verfügung gestellt, das uns nach Barfak zu dem Kommandanten brachte, dessen Einladung wir gefolgt waren.

In diesem Gebiet um Tala und Barfak wohnten früher 35.000 Menschen. Heute ist es jedoch zum größten Teil entvölkert, weil die häufigen Bombardierungen und Offensiven in dem gut mit Panzern zu befahrenden Tal die Bevölkerung demoralisiert haben. Je länger wir in diesem Tal fuhren, desto mehr glaubten wir in einem Wildwestfilm mit Colorado-Kulisse zu sein. Die mächtigen Bergpyramiden waren von Regen und Wind zu eigenwilligen Gebilden geschliffen worden, erinnerten an gewaltige Schlösser, an Burgen mit großen Säulenportalen und standen majestätisch im fruchtbaren Land des Tales. Sein Wasser verdankt es zwei Flüssen, die hier im vielgewundenen Bett fließen. Nach dem Osten hin reicht dieses Tal bis Doshi und

weiter hinein in das Hochgebirge bis zum Salang-Paß, im Norden, bis in die Provinz Samangan, deren gleichnamige Hauptstadt dieser ganzen Region den Namen gab, und die früher eine blühende Stadt an der Seidenstraße war.
In Barfak selbst waren die Häuser größtenteils noch intakt. Vor eineinhalb Jahren hatten die Russen bis hierher eine große Offensive mit Panzern und Unterstützung der Luftwaffe unternommen. Damals war fast die gesamte Bevölkerung geflohen. Mittlerweile sind die Männer aber wiedergekommen, um das Land weiter zu bestellen und das Gebiet nun zu verteidigen.
Die Mudschahedin haben ja eine eigene, fast demokratische Kriegsführung, die sie im Widerstand gegen die Besatzungsmacht deutlich verbessert haben, die aber auf den alten, geschichtlich gewachsenen Verteidigungsstrategien der afghanischen Stämme beruht. Ursprünglich stammten die Kommandanten aus der gesellschaftlichen Oberschicht. Das ist aber heute selten, denn nach dem Einmarsch der Russen sind die meisten der wohlhabenden und gebildeten Familien ins Ausland geflohen. Jetzt ist es vielerorts so, daß die Versammlung der Dorfältesten, die sogenannte Jirga, oft unter Vorsitz des Maliks den Kommandanten wählt und im Ernstfall immer die Legislative behält. Hier in der Jirga wird bestimmt, wer von den Männern Mudschahedin wird und wer auf dem Feld arbeiten oder andere wichtige Tätigkeiten ausführen muß. Es waren großenteils die Mullahs, die islamischen Priester, die nach der Abwanderung der Oberschicht bei ihren Leuten blieben und ihnen dadurch Kraft und Zuversicht gaben. Viele von ihnen, theologisch gebildet und mit Eifer für den islamischen Glauben kämpfend, haben in manchen Städten nicht nur die militärische Kommandantur übernommen, sondern bekleiden auch zugleich das Amt des Dorfältesten. Die Mullahs sind in vielen Teilen Afghanistans die Seele des Widerstands geworden und haben heute eine gesellschaftliche Stellung, die sie nie zuvor innehatten. Sie übernehmen aber nur im Notfall die militärische Führung. Es gibt sehr viele Kommandanten nicht adeligen

Ursprungs, die sich durch große Tapferkeit diesen Posten erworben haben und im weiten Umkreis als Autorität gelten. Mangel an Freiheitskämpfern herrscht hier nicht. Jeder Junge in Afghanistan hat nur einen Wunsch, einmal später Mudschahedin zu werden, und so ist beinahe jeder afghanische Mann ein Widerstandskämpfer oder ist es einmal gewesen.
Dem Islam kommt eine entscheidende Rolle in der Widerstandsmotivation der Afghanen zu. Wie kommt es, daß sich ein ganzes Volk so entschlossen und tapfer gegen eine Supermacht wehrt, die ohne Schwierigkeiten jeden Punkt des Landes besetzen könnte? Es liegt ein tiefer, religiös verankerter Wille in diesen Menschen, in ihrem Land den Glauben in Freiheit leben zu können. Von alters her gezwungen, das Stammesterritorium und damit das eigene Leben zu verteidigen, gibt es für die Afghanen keine andere Wahl, als im zermürbenden Kampf vielleicht den Märtyrertod zu sterben, Shahid zu werden und, ohne im bewußtlosen Schlaf bis zum Jüngsten Tag warten zu müssen, gleich ins Paradies einzukehren. Wegen der Vorschrift, Tote innerhalb von 24 Stunden zu beerdigen, zeugen in unwegsamen Gebieten nur schlichte Steinhügel mit Fahnen noch von der Tapferkeit dieser Mudschahedin. Es gibt schon sehr viele solcher Hügel in Afghanistan.
Daß sich auch die Russen über die Rolle der islamischen Kultur eingehend Gedanken gemacht haben, ist daran zu erkennen, daß sie ganz offensichtlich die kulturelle Struktur des von ihnen nicht vollständig kontrollierten Teiles von Afghanistan zerstören. Alle Moscheen, Schulen und Krankenhäuser in diesen Gebieten werden systematisch vernichtet. Auf meinen Reisen durch Afghanistan habe ich Dörfer gesehen, in denen alle Häuser unbeschädigt waren, nur die Moschee und das Schulgebäude waren zerstört.

Unser Kommandant, ein stattlicher Afghane in den fünfziger Jahren, glattrasiert, den Kopf kahlgeschoren, aber mit einem großen Turban geschmückt, strahlt in seinen Gesichtszügen

eine Autorität aus, angesichts derer man sich einen Widerspruch zweimal überlegt. Er ist kein adeliger Afghane, sondern hat sich durch Mut und Tapferkeit das Amt des Kommandanten erworben, was auch die Tatsache zeigt, daß er das Risiko auf sich nimmt, einen deutschen Arzt medizinische Versorgungsstellen in seinem Gebiet einrichten zu lassen. Es sollte das erste Krankenhaus im mittleren Norden Afghanistans werden. Die nächsten Stationen der Franzosen waren in Wardak (Médecins du Monde) und Badakhsan (Médecins Sans Frontières). Ich war hier der einzige Arzt in einem Einzugsgebiet mit mehr als 500.000 Menschen.
Wir setzten uns also im Haus des Dorfältesten zusammen, und ich stellte die Bedingungen, unter denen ich bereit war, hier eine Dispensary einzurichten.
Erstens muß die Behandlung allen zugänglich sein, ganz gleich zu welchem Stamm oder zu welcher Partei der Patient gehört. Auch Karmalsoldaten oder verwundeten sowjetischen Soldaten darf die Behandlung nicht verweigert werden.
Zweitens: Der Kommandant verpflichtet sich, für unsere Sicherheit zu sorgen. Das heißt Sicherheit für den Arzt, seine Helfer und die Patienten. Das ist für uns ein wichtiger Punkt, denn schließlich befinden wir uns in einem Land im Kriegszustand, und auch hier gibt es Verbrecher und Kriminelle, vor deren Willkür man geschützt sein muß. Ich habe es auf meinen Reisen grundsätzlich abgelehnt, eine Waffe zu tragen. Außerdem hat der Kommandant für den Arzt und seine Helfer die Verpflegung zu organisieren.
Drittens müssen genügend Menschen in diesem Gebiet leben, damit so viele wie möglich die Dispensary zur Behandlung aufsuchen können.
Der dritte Punkt war hier hinlänglich erfüllt. Tatsächlich kamen Leute teils von Samangan, teils aus Orten, die 200 km von hier entfernt waren, um sich behandeln zu lassen. Die Grundbedingungen wurden uns also zugesagt, und wir begannen mit der Einrichtung der Stationen in Tala, Barfak und Doab, alles

Dörfer, die über eine Strecke von ca. 40 km an der Straße von Doshi nach Bamjan verteilt liegen. In jedem dieser Dörfer wurde uns ein Haus zur Verfügung gestellt. Die Räume mußten wir selbst ausstatten, und so suchten wir die Möbel entweder aus den Dörfern zusammen oder ließen sie nach unseren Anweisungen zimmern. In den Behandlungsräumen, ausgestattet mit Liegen und Medikamentenschrank, war entweder der Arzt oder ganztägig ein Dispenser anzutreffen, der von uns ausgebildet wurde. Er hatte später bei Abwesenheit des Arztes die tägliche Routine zu übernehmen, Medikamente auszugeben, die Kartei zu führen und den Medikamenten-Nachschub zu besorgen.
Am besten gefiel mir Doab. Hier, etwa 150 m vom Dorf entfernt, bekam ich zwei Räume in einem ehemaligen Hotel zur Verfügung gestellt, das noch der Schah hatte bauen lassen. Es stand da wie ein kleines Herrenhaus, und meine beiden Zimmer waren wie geschaffen für ein kleines Krankenhaus. Es war sogar ein Badezimmer mit Badewanne vorhanden, die aber erst von einem Helfer gründlich geputzt werden mußte. Der einzige Nachteil: es lief hier kein Wasser. Sogar die Zimmer waren innen weiß getüncht. Die Handwerker fertigten nach unseren Anweisungen eine schöne Liege und ein verschließbares Kästchen aus einer alten Kommode, die, wohl europäischen Ursprungs, irgendwann einmal hierhergebracht worden war. In Barfak richteten wir neben dem Behandlungsraum eine Unterkunft mit vier Patientenbetten ein. In Doab hatte ich Platz für zwei Betten, nur in Tala konnten wir keine Kranken stationär aufnehmen. Im Zweitagesrhythmus besuchte ich die jeweiligen Krankenstationen, und nach einiger Zeit hatten die meisten Leute meinen Stundenplan herausgefunden. So erwartete mich jeden Morgen vor dem Eingang zur Dispensary eine geduldig wartende Menge von etwa 80 bis 100 Patienten, die mich oft bis in den Spätnachmittag hinein beschäftigte. Schon am 3. Tag brachte man den ersten Fall, der mir größere Sorgen bereitete. Es war ein junger Mann, von 20 oder 21 Jahren, mit einem

so vergrößerten Hoden, daß man ihn mit zwei ausgespannten Händen kaum umfassen konnte. Er hatte große Schmerzen, was auch nicht verwunderlich war, denn sie hatten ihn auf der schaukelnden Trage über 20 km weit hergebracht. Seine Heimat lag in dem Kajan-Gebiet, er war also kein Sunnit, sondern Ismaelit, Anhänger einer mehr im pakistanischen Gebiet beheimateten schiitischen Sekte.

Die Ismaeliten bildeten früher esoterische Geheimgesellschaften und kamen im 10. Jahrhundert zu politischer Macht. Sie wurden erst von den Mongolen besiegt, sind aber in verschiedenen Gebieten heute noch als Minderheiten vertreten. Ihr Anführer und oberster Priester ist Khan-Agha-Monsoor (im Gegensatz zu Agha-Khan, der in Pakistan lebt), eine sehr schillernde Persönlichkeit, zu dem ich einmal gerufen wurde und dessen ganze Familie ich behandeln durfte. Der wohlbeleibte, untersetzte Herr hatte mit seinen 50 Jahren das zweifelhafte Vergnügen, unter allen Regierungen Afghanistans, vom Schah bis Karmal, gefangengesetzt worden zu sein. Wie alle Afghanen war auch er ein guter Erzähler, und so blieb mir seine Lebensgeschichte in guter Erinnerung. Wir unterhielten uns lange, und er erzählte mir die unterschiedlichen Behandlungen, die er als Häftling in den einzelnen Epochen erfahren hatte. Bei Zahir-Schah wurde er zwar verhaftet, aber als adeliges Religionsoberhaupt in einem Haus mit Dienern untergebracht und konnte neben seiner Frau auch Besuch empfangen und bewirten. Natürlich mußte er alles selbst bezahlen. Unter Daud-Khan hatte er nur noch 2 Räume im Gefängnis, und die Besuchszeiten wurden eingeschränkt. Taraki sperrte ihn mit seinen Brüdern in eine Zelle und verbot jeglichen Besuch. Die Situation verschlechterte sich für ihn zusehends und erreichte unter Amin den Höhepunkt. Seine Brüder wurden verschleppt, und er hofft, daß sie in der Sowjetunion noch am Leben sind, obwohl viele Indizien dagegen sprechen. Unter Karmal wurde er freigelassen, warum und weshalb ist unklar. All das ist

Spiegel der Verworrenheit in der jüngsten Geschichte Afghanistans.
Doch zurück zu dem jungen Ismaeli. Es besteht eine alte Feindschaft zwischen den Sunniten und den Ismaelis, die auch heute noch so stark ist, daß meine Erklärung, der Junge müsse sofort operiert werden, auf heftige Entrüstung stieß. Es zeigte sich zum ersten Mal die Wichtigkeit unserer ersten Bedingung. Der Kommandant konnte, von uns ja auf diesen Punkt verpflichtet, die Behandlung und anschließende Unterbringung des Jungen und seines Vaters in unseren Bettenzimmern nicht verbieten, aber der Dispenser und seine Familie sowie die Nachbarn, ja sogar die Patienten selbst wollten dies unter allen Umständen unterbinden. Es gab lange Diskussionen. Zum Schluß blieb mir nichts anderes übrig, als das fruchtlose Gerede zu ignorieren und den verschüchterten Vater mit seinem schwerkranken Sohn in unser Bettenzimmer zu bringen. Als ich aber den Raum betrat, war kein einziges Bettgestell zu sehen, geschweige denn eine Decke. Aus Protest hatten die Leute kurzerhand alles fortgeschafft. Ich stellte den zuständigen Dispenser zur Rede und fragte ihn, wo die Betten hingekommen seien. Er beteuerte mir umständlich, daß die Dorfbewohner, die ein Bett gestiftet hatten, es nun selbst benötigten und deswegen abgeholt hätten.
»Wenn in einer Stunde nicht alles wieder an seinem Platz ist, breche ich augenblicklich meine Arbeit hier ab und werde in dem Dorf dieser Ismaelis, die ihr so schändlich behandelt, eine Dispensary einrichten«, schimpfte ich los. Ich wußte um die traditionelle Feindschaft zwischen den zwei Völkergruppen, war aber sehr zornig darüber, daß nicht einmal die offensichtliche Not eines Mitmenschen diesen an sich unnötigen Konflikt vergessen machen konnte. Ich begab mich sofort zum Kommandanten und beschwerte mich heftigst über diesen Vorfall. Aufgrund seines Versprechens konnte er zwar nicht anders als mir Recht geben, aber auch er meinte, daß diese Leute doch nicht zu uns gehörten und daß sie schlechte Menschen seien.

Auch ihm erklärte ich unmißverständlich, daß ich meine Weiterarbeit von der korrekten Behandlung dieses Patienten abhängig machen würde.
Anfangs war ich zwar noch jeden Tag gezwungen nachzusehen, ob Vater und Sohn auch ausreichend verpflegt wurden, aber schließlich vollbrachte es die moralische Autorität unseres Mullahs endgültig, daß die Behandlung nach meinen Vorstellungen verlief.
Am nächsten Morgen begann ich mit den Vorbereitungen, um die Geschwulst, ein Teratom, zu operieren, wobei dies meine erste Semi-Castratio war, die ich ausführte, und das noch dazu unter diesen mangelnden hygienischen Bedingungen. Da in meiner Ausrüstung kein Narkosepräparat vorhanden war, legte ich dem Patienten einen Tropf an, in den ich zwei Ampullen Valium dazugab. Das Valium, unterstützt von einer Pantoponinjektion, versetzte den jungen Mann zwar in einen Dämmerzustand, konnte aber eine richtige Narkose nicht ersetzen. Der Tumor war so riesenhaft, daß er den ganzen Teller ausfüllte, auf dem ihn dann der Dispenser hinausbrachte.
Zwei Wochen später ging es dem Jungen schon wieder so gut, daß er herumlaufen konnte. Inzwischen ist er verheiratet und hat einen Sohn, was die Bedenken seines Vaters zerstreute, der mich vor der Operation ängstlich gefragt hatte, ob der Junge danach noch zeugungsfähig sein würde. Ich hatte ihm darauf geantwortet: »Wenn er nach sechs Wochen lebt und gesund ist, wird er es können. Wenn es ihm aber schlechtgeht, wird der Tumor Metastasen gebildet haben, und in diesem Falle ist nichts mehr zu machen.«
Ibrahim, und bei den folgenden Aufenthalten in Tala und Barfak auch sein Bruder Halid, waren die guten Geister in den Krankenstationen. Sie leisteten die tägliche organisatorische Kleinarbeit, kümmerten sich um alles, von den Möbeln bis zum Essen, und so lag es größtenteils in ihren Händen, daß wir die Stationen so schnell aufbauen konnten. Ohne ihre Hilfe hätte ich niemals so viel Zeit für die Behandlung der Kranken gehabt.

Ibrahim ging im Mai nach Pakistan zurück, um den weiteren Medikamenten-Nachschub zu organisieren. Heute sind er und Halid Leiter der Stelle für den Medikamenten-Nachschub in Peshawar, und so liegt die lebenswichtige Versorgung unserer Stationen ganz bei ihnen.
Am meisten machte mir hier in Barfak die Tuberkulose zu schaffen. Etwa 10% der Patienten waren bereits tuberkulös, wobei eine Isolierung bei offener TBC nicht möglich ist. Man hätte ein eigenes Krankenhaus einrichten müssen, um die Versorgung dieser Patienten voll übernehmen zu können. Es wäre eine regelrechte Kampagne mit den geeigneten Medikamenten nötig, um die Verbreitung dieser Krankheit in den Griff zu bekommen. Daß sich die TBC zur Seuche in Afghanistan entwickeln kann, ist sehr verständlich. Abgesehen davon, daß es keine ausreichende, kontrollierte Behandlung gibt, lebt die geflohene Bevölkerung unerträglich zusammengepfercht. Nachdem sie sich wegen der Bomben in die unwegsamen Täler der Berge verkriechen müssen, können sie nur Notbehausungen errichten, die teils aus Zelten, teils aus Berghöhlen oder kleinen Lehmhütten bestehen. Oft steht nur ein feuchter Raum für ganze Familien zu Verfügung. Die Verpflegung ist unzureichend, und so ist eine optimale Entwicklungsmöglichkeit für TBC gegeben. Vor allem der noch weniger widerstandskräftige Organismus der Kinder ist stark gefährdet.
In dieser Gegend kam es auch vermehrt zu Kampfhandlungen zwischen Mudschahedin und Besatzungstruppen. Ich habe hier ca. 12 Schußverletzungen behandelt. Teilweise hatten sich die Patienten durch unvorsichtige Handhabung mit den eigenen Waffen die Verwundung zugefügt, aber es wurde auch in der Gegend von Bamjan regelrecht Krieg geführt. An einem Tage zum Beispiel kamen gleich vier verletzte Mudschahedin in Barfak an. Zwei hatten glatte Durchschüsse ohne Knochenverletzungen an den Extremitäten und einer einen Streifschuß, bei dem, Gott sei Dank, eine Rippe das Eindringen der Kugel in den Brustraum verhindert hatte. Wenn kein Knochen oder kein

lebenswichtiges Organ beschädigt ist, sind Schußverletzungen an sich recht einfach zu behandeln. Nur letzteren mußte ich für zwei Tage in der Station behalten, um eine Infektion zu verhindern.
Allein im Monat Mai habe ich 1188 Fälle behandelt, obwohl schon das islamische Rahmadan-Fest angefangen hatte, und in diesen Tagen nur die dringendsten Fälle gebracht wurden. Mit meinen 420 kg Medikamenten kam ich etwa eineinhalb Monate aus. Dann ging der Vorrat zur Neige, vor allem bei den so notwendigen Antibiotika, die man hier hauptsächlich gegen die vielfältigen Infektionskrankheiten einsetzt. Es ist nur gut, daß man in Afghanistan mit wesentlich geringeren Dosierungen als in Europa auskommt.
Den Medikamenten-Nachschub zur Versorgung unserer Stationen und Dispensaries haben wir heute, nach anfänglichen Schwierigkeiten, so geregelt, daß sich zum einen die Stationen untereinander aushelfen, wenn ein notwendiges Präparat ausgeht, zum anderen ein ständiger Transport von der pakistanischen Grenze her unterhalten wird, der turnusmäßig je nach Bedarf die Stationen beliefert und vor dem Winter größere Mengen auf Vorrat mitbringt. Das ist wichtig, denn der Schnee macht ca. 4 - 5 Monate lang die Pässe unbegehbar.

Die Bombardierung

Es war Ende Mai. Einige Tage zuvor war mir schon von unserem Kommandanten gesagt worden, daß etwa 40 km nördlich von Barfak die Bevölkerung eines Dorfes aus dem Tal in die Berge evakuiert worden sei, und er bat mich, dort zu behandeln. Ich sagte zu unter der Bedingung, daß ich nicht zu lange von meinen Stationen abwesend sein würde, und demnach die Hin- und Rückreise mit dem Auto erfolgen sollte. Man versprach mir, ein Fahrzeug zu organisieren. So stiegen wir, mein Dispenser aus Barfak und ich, am 27. Mai in den alten Mercedes-Bus, der vor den Russen gerettet worden war und auch

dementsprechend umkämpft aussah. Ein Wunder, daß das Gerät überhaupt noch fuhr. Am Ziel angekommen, wurde vereinbart, daß wir uns am nächsten Tag um 6 Uhr morgens wieder an der gleichen Stelle der Straße treffen würden, da ich gewöhnlich meine Behandlung gegen 8 Uhr in Doab begann und bis dahin wieder zurück sein wollte. Der Bus verschwand knatternd in einer Staubwolke, und wir begannen den etwa einstündigen Aufstieg in die Berge, geführt von einem Mudschahedin, der uns unten an der Straße erwartet hatte.
Etwa 420 Frauen und Kinder waren hier in den Bergen notdürftig in Zelten und Felshöhlen untergebracht, da ständig die Gefahr der Zerstörung ihres Dorfes unten im Tal zu befürchten war. In stark gefährdeten Gebieten ist es häufig so, daß die Jirga des Dorfes beschließt, die Zivilbevölkerung zu evakuieren, um einer eventuellen Bombardierung zu entgehen. Die Männer werden dann abwechselnd zur Bewachung der Frauen und Kinder, als Mudschahedin oder zur Bestellung der Felder eingesetzt, da die Versorgung mit Lebensmitteln sichergestellt sein muß. So können die Bauern ihre Familien nur etwa alle 14 Tage besuchen, und das erst nach einem langen Fußmarsch.
Mich hat der Besuch dieser Leute sehr bewegt. Die sonst fröhlichen Menschen mußten hier untätig in provisorischen Unterkünften warten, bis die Besatzungsmacht ihnen eine Entscheidung diktierte. Meistens heißt das die Zerstörung des Dorfes und das Flüchtlingsdasein.

Ich verstehe diesen Krieg nicht. Wenn Moskau die afghanische Bevölkerung zur Linientreue erziehen und die Segnungen des Sozialismus auch über dieses Volk bringen will, besteht dann nur irgendeine politische oder militärische Notwendigkeit, es in dieser Weise zu tun? Oder offenbart sich da nicht eine tiefe Menschenverachtung? Jedem der Kremlfürsten würde ich zu einem Besuch in einem dieser Notlager in den Bergen raten, und zwar am frühen Morgen, wo es hier eiskalt ist und die Frauen zwischen den Felsen mühsam auf die Suche nach Brenn-

material gehen, um sich und den Kindern etwas Warmes bereiten zu können. Und sie sollten sehen, wie den Männern nach langen Tagen der Abwesenheit ihre Kinder mit offenen Armen entgegenlaufen und die Familie nach einem Tag den Vater dennoch wieder hergeben muß.
Reist einer so durchs Land und sieht die kaputten Dörfer, mag er sich an diesen Anblick gewöhnen, aber wenn man miterlebt, wieviel Mühsal und Leiden hinter jedem dieser verlassenen Dörfer steht, werden erst die Dimensionen dieses Krieges wirklich bewußt.
Ein kleines Zelt wurde mir als Behandlungsraum zur Verfügung gestellt. Als erste kamen die Kinder. Wegen der mangelnden Hygiene hatten die Kleinen vor allem Wurmkrankheiten und Dermatosen. Fast alle Frauen und Kinder litten hier an Bronchitis, bedingt durch die starken Temperaturunterschiede von Tag und Nacht und die feuchtkalten Felsenhöhlen. Zwei schwere Nierenentzündungen bereiteten mir Kopfzerbrechen. Ich gab Antibiotika und verordnete Bettwärme, eine hier fast unmögliche Vorschrift. Nach den Kindern kamen die Frauen zur Behandlung. Vier von ihnen hatten Tuberkulose. Eine junge Schwangere litt anscheinend an einer Infektion im Genitalbereich, so schilderten es mir jedenfalls ihre Begleiterinnen. Gynäkologische Untersuchungen zur genaueren Diagnose sind hier auf dem Lande nicht denkbar und würden die Sitten tief verletzen. Ich spritzte ihr Penicillin als Initialmedikation und gab ihr weiteres Penicillin in Tablettenform sowie Anweisungen zur Weiterbehandlung. Die Nacht über schlief ich in einer der Höhlen. Es war sehr kalt, und ich schlief nur schlecht. Früh am Morgen brachen mein Dispenser und ich wieder auf, um pünktlich an der Straße zu sein. Die Nacht war kalt, und wir froren selbst beim Abstieg. Um 6 Uhr standen wir am verabredeten Ort, aber weit und breit war kein Fahrzeug zu sehen. Ab und zu kam ein Reiter, einmal ein kleiner Konvoi von vier Kamelen, aber solange wir auch warteten, kein Auto. Ich sah vor meinem geistigen Auge die Menge der Patienten vor der Eingangstüre

von Doab stehen. Oft schliefen sie während der Wartezeiten auf dem Boden der Dispensary ein, ermüdet von dem Tragen ihres kranken Familienangehörigen und den teils tagelangen Märschen. Bald war alle Hoffnung, daß der Bus noch kommen würde, dahin, und es blieb uns nichts anderes übrig, als die 15 Minuten zum nächsten Dorf zu gehen, um dort zu versuchen, ein Auto zu mieten. Nach langem Hin und Her hatten wir uns endlich durchgefragt, und ein Alteisenhändler erklärte sich bereit, den klapprigen indischen Mahindra-Kleinlastwagen anzulassen. Die Batterie schaffte gerade, den Motor zweimal herumzudrehen, dann versagte sie. Die Kurbel mußte geholt werden. Jeder ‚durfte' kurbeln, bis ihm der Schweiß auf der Stirn stand, jedoch ohne Erfolg. Gemächlich brachte der Sohn des Händlers nach einiger Zeit den Werkzeugkasten, und als sich der Vater ächzend unter den Wagen legte, hatte ich den heutigen Tag für die Behandlung innerlich bereits aufgegeben. Die Afghanen scheinen ein fast mystisches Verhältnis zur technischen Apparatur des Automobils zu haben. Sie bringen auch das unmöglichste Gefährt wieder zum Laufen, und so stieß der altersschwache Motor nach einiger Zeit zwar ungnädig eine bläuliche Rauchwolke aus dem Auspuff, ratterte aber dann vertrauenerweckend vor sich hin. Es war längst 8 Uhr vorbei, als wir die holprige Straße nach Ghandak einbogen.

Kurz vor Ghandak hielten uns immer wieder Leute an der Straße an und erzählten aufgeregt, daß Doab bombardiert worden sei. Ich wagte gar nicht, näher zu fragen, was alles zerstört worden war, ahnte aber bereits eine böse Überraschung. Gegen 10. 30 Uhr kamen wir in Doab an und fuhren langsam durch ein menschenleeres, aber unzerstörtes Dorf. Da traten Mudschahedin in den Weg, hielten uns an und berichteten, daß etwa gegen 9 Uhr drei ‚Jets', wie sie sagten, wahrscheinlich MIG-Jagdbomber, und zwei Helikopter nur ein einziges Haus mit etwa 20 Bomben und Raketen in Trümmer gelegt hatten. Es war mein Krankenhaus, das ehemalige Hotel. Die ganze Bevölkerung von Doab war aus Angst vor weiteren

Bombardierungen in die Berge geflohen. Als ich den Trümmerhaufen sah, konnte ich nichts mehr sagen, einen so großen Kloß hatte ich im Hals. Eine Gruppe von Mudschahedin kümmerte sich etwa 100 m entfernt im Schatten der Felsen um zwei Männer, die am Boden lagen. Ich lief sofort hin. Dem einen hatte ein Splitter einen Riß von ca. 20 cm am linken Oberarm verursacht, so daß der Knochen freilag. Brust und Gesicht des anderen waren durch Splitter und zersprungene Steine, die teilweise noch in der Haut steckten, übel zugerichtet worden. Ich versuchte sofort, die Blutungen zu stillen und die Wunden einigermaßen zu reinigen und zu versorgen. Die beiden hatten vor dem Haus auf mich gewartet und waren durch den Druck der ersten Explosionen etwa 4 m von dem Gebäude weggeschleudert worden. Ein Wunder, daß sie überhaupt noch lebten. Es wurde mir auch gesagt, daß mein Dispenser sehr schwer verletzt und vorsichtshalber ins nächste Dorf gebracht worden sei. Nachher stellte sich heraus, daß es gar nicht er gewesen war, sondern ein Patient, der auf mich gewartet hatte.
Obwohl man in Afghanistan ja immer mit Bombardierungen rechnen muß, traf mich die Tatsache, daß gerade das Krankenhaus absichtlich vernichtet worden war, tiefer, als ich gedacht hatte. Normalerweise hielten sich während der Behandlung um diese Zeit 80 bis 100 Personen in den Räumen dieses ehemaligen Hotels auf. Nicht auszudenken, wie viele Menschenleben dieser Anschlag gekostet hätte. So wurde der unpünktliche Busfahrer ganz unerwartet zu einem mehrfachen Lebensretter. Die beiden Männer waren soweit transportfähig, daß ich sie in einem Wagen nach Barfak schicken konnte. Ich selbst ging nun zu dem Trümmerhaufen, um zu sehen, ob vielleicht noch etwas Brauchbares übriggeblieben war. Ein Volltreffer war ins Behandlungszimmer gegangen, hatte den Boden aufgerissen und das Mobiliar zerstört. Die Medikamente lagen verstreut unter den Trümmern. Es war kaum etwas zu retten. Sobald das Auto aus Barfak wiederkam, fuhr ich zu dem schwerverletzten Patienten, der etwa 20 km weiter in einem Dorf untergebracht

worden war. Er sah fürchterlich aus. 150 Splitter hatten seinen Körper grausam zugerichtet. Ein großer Splitter hatte den linken Oberschenkelknochen durchschlagen, und am rechten Unterarm lagen Elle und Speiche durch eine große Rißwunde frei. Glücklicherweise war kein lebenswichtiges Gefäß in Mitleidenschaft gezogen worden. Ich versorgte den Patienten soweit, daß er transportiert werden konnte, und fuhr mit ihm nach Barfak. Dort entfernte ich ihm, es war mittlerweile schon Abend geworden, unter dem Schein einer starken Taschenlampe die größten Splitter und versuchte, das Bein in einer provisorischen Streckvorrichtung ruhigzustellen. Später mußten wir ihm, da gar kein Gips vorhanden war, das Bein mit Holzstöcken schienen. Es wurde eine lange Nacht, spät erst ging ich ins Bett, konnte aber trotz der Müdigkeit nicht einschlafen.

Wie sehr die Lebensgefahr hier in Afghanistan stetiger Begleiter ist, wurde mir jetzt erst richtig bewußt. Kein Bombentrichter war weiter als 50 m von unserer Krankenstation entfernt. Es war offensichtlich, daß die Sowjets einzig und allein unsere Ambulanz vernichten wollten. Ich brauchte einige Tage, bis ich mein inneres Gleichgewicht wiedergefunden hatte. Die Russen hatten ja schon französische Krankenhäuser bombardiert, das wußte ich, aber daß es so schnell gehen könnte, hätte ich nicht gedacht. Freilich kostet es der sowjetischen Aufklärung keine große Mühe, ein fest eingerichtetes Krankenhaus zu entdecken, aber die Zielstrebigkeit und Präzision, mit der eine medizinische Versorgungsstelle vernichtet wurde, war erschütternd. Wer sich angesichts dieser Tatsache an die gutgemeinten, aber offensichtlich nicht eingehaltenen Worte der Genfer Konvention erinnert, den läßt die Vision eines von russischer Seite geführten Krieges in Europa tief erschrecken.
Nur wenig kann in Afghanistan unentdeckt bleiben. Auch wenn die sowjetische Luftaufklärung unser Krankenhaus nicht entdeckt hätte, in Afghanistan gibt es keine Geheimnisse. Seit

Jahrhunderten existiert ein funktionierendes Informationssystem zwischen den Mitgliedern von Stämmen und den Stämmen untereinander, die Mundpropaganda. Wer sich in Afghanistan auf dem Wege trifft, fragt »woher?«, »wohin?« und »was gibt es Neues?«. So gelangen Nachrichten mit großer Geschwindigkeit in oft ungeahnte Entfernungen. Ich habe das auf meinen Reisen selbst erlebt. Die Leute in den Dörfern wußten bereits lange Zeit vorher, daß ein deutscher Arzt kommen würde, und empfingen mich meistens schon am Dorfeingang. Die Mundpropaganda ist eines der wichtigsten Informationssysteme im afghanischen Widerstand. Es zeigt zumindest in diesem Punkt, trotz der häufigen Stammesstreitigkeiten, eine nicht zu unterschätzende Solidarität zwischen den Völkergruppen. Der Widerstand hat auch heute noch viele Sympathisanten in den sowjetfreundlichen Regierungstruppen. Deshalb erreicht die Nachricht, daß etwa in Termez oder Iman-Saheb ein Sowjetkonvoi die Grenze passieren will, unschwer die Kommandanten dieser Gebiete. Dieser beruft eine Jirga ein, die dann das Wo und Wie eines Hinterhalts beschließt.
Dieses Informationssystem hat aber auch seine Schattenseiten. So ist es ohne weiteres möglich, daß in eben dieser Jirga ein Spitzel des KHAD, des KGB-geschulten Regierungsgeheimdienstes in Afghanistan, sitzt, um alles den Russen gegen bare Münze auszuplaudern. Nun darf man nicht denken, daß der russische KGB mit seiner Tochterorganisation in diesem Land zufrieden ist, denn der afghanische Geheimdienst ist eben ein afghanischer und wird oft immer wieder durch Spaltungen und Parteiungen entzweit. Trotzdem kommt es häufig vor, daß geplante Aktionen der Mudschahedin durch Verrat ein blutiges Ende nehmen. Mancher Kommandant durchsucht heute vor einer militärischen Aktion seine eigenen Leute nach versteckten Funkgeräten, da der Verrat durch einen eingeschleusten KHAD-Agenten schon zu vielen Mudschahedin das Leben gekostet hat.
Wir überlegten mit dem Kommandanten, ob es sinnvoll sei, in

Doab wieder eine Ambulanz aufzubauen, entschlossen uns aber, einen weniger exponierten Ort für die Krankenstation zu suchen. Während meiner ganzen Zeit dort in Barfak hatte ich viel Zeit zur Ausbildung der Dispenser verwendet, die ja nach meiner Abreise wenigstens in Grundzügen die Ambulanzen aufrechterhalten sollten. Der Dispenser in Barfak war ein sehr intelligenter Mann, der schnell begriff, so daß er mir bei vielen Routinebehandlungen schon bald sehr gut zur Hand gehen konnte.

Rückreise

Ende Juli war es an der Zeit, wieder nach Hause zu fahren. Ich hatte in den anstrengenden Wochen hier kräftig abgenommen, was ich nicht nur an meiner viel zu weiten Hose bemerkte, sondern auch an der allgemeinen physischen Konstitution. Reiten konnte ich nun leidlich, und so beschloß ich, mir die Rückreise so angenehm wie möglich zu gestalten. Auf dem nächsten Pferdemarkt kaufte ich eine schöne Schimmelstute. Als der Tag der Abreise kam, regelte ich die Bezahlung der Dispenser, stellte eine genaue Liste der wichtigsten Medikamente zusammen, die ich von Pakistan aus herüberschicken wollte, und ging noch ein letztes Mal durch die Behandlungsräume von Tala und Barfak. Es waren richtige ‚Krankenhäuser' im orientalischen Sinne geworden. Schon damals dachte ich mir, daß wir es über kurz oder lang den Leuten in den Dörfern gleich tun und die Krankenstationen in die Berge verlegen müßten. Die Gefahr der Bombardierung war hier im Tal einfach zu groß. Schon ungefähr ein Jahr später haben wir im Bonner Afghanistan Komitee auch beschlossen, das Krankenhaus in eine bombensichere Höhle in den Bergen zu verlegen. Der Gedanke, daß 80 oder 100 Patienten durch einen Bombenangriff auf ein einziges Haus umkommen könnten, was ja in Doab beinahe geschehen wäre, war unerträglich.
Die Stunde des Abschieds nahte, ich umarmte Kommandant

Bas Mohammed, den Dorfmullah und dann der Reihe nach alle meine Freunde, die ich gewonnen hatte. Der Kommandant schenkte mir sogar ein Pferd und gab mir einen erfahrenen Mudschahedin zur Begleitung mit. Es war ein festlicher Abschied, und das ganze Dorf stand an der Straße. Mit den meisten von ihnen hatte ich am Abend noch ein kleines Fest gefeiert, was mit diesen fröhlichen und unkomplizierten Menschen zu einem unbeschwerten Erlebnis wurde. Da die Straße nach Schaschpul gut befahrbar war, hatte man uns sogar einen Lastwagen organisiert. Wir verluden die Pferde, und so fuhr ich nun, noch einmal zum Abschied winkend, die Straße hinab. Die Buben liefen noch eine Weile eifrig schwatzend neben mir her und blieben schließlich fröhlich rufend und winkend zurück. Das Tal wurde zu einer engen Schlucht, die am Ende nur noch Platz für die Straße und den reißenden Fluß ließ. Beinahe bis Doab fuhr ich so durch die Schluchten, und nicht lange, da lagen links von der Straße die Trümmer unserer Ambulanz von Doab. »Dank sei Gott« dachte ich bei mir, als ich Patienten am Straßenrand winken sah.
Ich weiß nicht, ob man sich immer auf lebensrettende Zufälle wie diesen in Doab verlassen soll, aber heute weiß ich sehr wohl, daß es viele solcher Zufälle waren, denen ich es zu verdanken habe, daß ich noch am Leben bin. Von Schaschpul aus ging es dann wieder zu Pferd. Die Heimreise war alles in allem weniger gefährlich, da zwei Reiter nicht so auffallend sind wie ein Konvoi von 32 Mann. Trotzdem wurde aus der angenehmen Rückreise nichts. Bereits nach vier Tagen streikte das Pferd des Kommandanten und war durch nichts zum Weitergehen zu bewegen. So mußten wir das Gepäck auf mein Pferd umladen und nebenherlaufen.
Da wir ja auf der Hinreise größtenteils nachts unterwegs gewesen waren, sah ich jetzt auf der Rückreise viel mehr von der Landschaft Afghanistans. Das Land erschien jedoch am Tag ganz anders, und so mußte ich mich an meinen Mullah halten, so nannte ich den Mudschahedin, denn er hatte die Priester-

schule absolviert und war ein gebildeter Mann. Trotzdem war die Orientierung im weglosen Gelände sehr schwer, und wir fanden an der Straße Kabul-Ghazni, kurz vor dem Karmalposten, den versteckten Weg zur Straße nicht mehr. Um den Posten passieren zu können, hatten wir die Dunkelheit der Nacht abgewartet, in deren Schutz wir die Straße überqueren wollten. Plötzlich jedoch endete der Weg in einem Minenfeld. Große Landstriche, vor allem in der Nähe der Ring-Straße, sind mit diesen etwa 20 cm langen und 15 cm breiten, buchförmig aussehenden Ungetümen verseucht. Diese Minen sind von einer Seite durch ein Füßchen gestützt und stehen so schräg in der Landschaft. Die Minen können aus Metall, das wie dünnes Blech aussieht, oder aus Plastik sein. Im allgemeinen explodieren sie bereits beim Berühren. Wie scharf die Dinger eingestellt sind, wird auch daraus ersichtlich, daß sie manchmal allein durch die Ausdehnung, die die krassen Temperaturunterschiede zwischen Tag und Nacht bedingen, in die Luft gehen.
Mein Mudschahedin, der vor mir herschritt, hatte einen dieser Sprengkörper vor seinen Füßen im Mondlicht aufblitzen sehen und packte mich sofort am Ärmel. Wir versuchten umzukehren. Vorsichtig und jeden Schritt abwägend, blickten wir angestrengt auf den Boden. Ich spürte den Herzschlag am Hals und in den Schläfen. Nur einen Gedanken hatte ich: »Hoffentlich kommst du hier gut heraus.«
Die Wirkung dieser Minen ist teuflisch. Sie töten nicht, aber verstümmeln und machen so einen potentiellen Mudschahedin kampfunfähig. Endlich waren wir auf dem Weg. Nach etwa 10 Minuten erreichten wir das letzte Haus des nahe gelegenen Dorfes. Mein Mullah ging hinein und kam nach einer Weile mit einem Jungen von etwa 13 - 14 Jahren heraus. Er sollte uns führen. Tatsächlich brachte er uns auch in kurzer Zeit auf den richtigen Weg. Mein Mudschahedin war durch diesen Vorfall etwas geknickt, schließlich war er ja für meine Sicherheit verantwortlich. Bei der Hinreise waren mir die Minen in der Dunkelheit gar nicht aufgefallen, da jeder, auf den Führer fest

vertrauend, in den Fußstapfen des Vordermannes gegangen war.
Kurz hinter Dubandi, das in der Zwischenzeit schwer zerstört worden war - die Straßen waren öde und leer - traf ich zwei Franzosen. Sie waren in einem Gebiet nahe Kabul gewesen und gehörten zu einer Hilfsorganisation, die Gelder für Bauern bereitstellt, deren Häuser durch Bombardements zerstört worden sind. Der eine, ein etwa 30jähriger Elsässer, war von der ‚Guilde du Raid', der andere, ein etwa 45jähriger Ingenieur, Direktor einer kleinen Firma in der Nähe von Dijon. Sie hatten große Schwierigkeiten mit ihrem Kommandanten gehabt, weil keiner der beiden Paschtu oder Farsi sprach, und sie zudem nur schlecht Englisch konnten. Der Kommandant seinerseits beherrschte ebenfalls die englische Sprache nur sehr mangelhaft, so daß die ungenügende Verständigung zu Verärgerung und Mißverständnissen geführt hatte. Die Franzosen vermuteten, daß ihr Kommandant sie übervorteilen und ausnützen wollte, obwohl beide ja extra gekommen waren, um in dessen Gebiet zu helfen. Ich versuchte, soweit ich konnte, das Mißtrauen abzubauen, was mir aber nur teilweise gelang. Bis nach Pakistan hinein waren wir uns dann gegenseitig Gefährten, was die Rückreise weniger eintönig machte, denn mein Mudschahedin war ein recht schweigsamer Kämpfer Allahs.
In Peshawar angekommen, gab ich ein erstes Rundfunkinterview zur medizinischen Situation im Land und, was wesentlich wichtiger war, übergab die Liste mit den notwendigen Medikamenten an Ibrahims Bruder Halid Raschid, der für mich die Besorgung übernahm. In den ehemaligen Büroräumen von ‚Help' - das Office war verlegt worden - war ein Zimmer für mich vorbereitet. Es kam mir wie eine Suite im Luxushotel vor. Ein richtiges Bett, sogar eine Dusche mit lauwarmem Wasser war vorhanden – wunderbar. Nach drei Tagen ging es endlich Richtung Heimat. Die Stewardessen in der Linienmaschine Islamabad- Frankfurt kamen mir wie Wesen aus einer anderen Welt vor. Grazil schwebten sie durch die Sitzreihen und verteil-

ten das Essen, nach dem sich mein gänzlich europäisch gebliebener Gaumen monatelang gesehnt hatte. Zur Feier des Tages genehmigte ich mir eine Coca-Cola, denn etwas Alkoholisches wird in der PIA (Pakistan International Airlines) leider nicht serviert. Das Glas in der Hand sah ich, wie Ozeane, Wüsten und Städte tief unter mir vorbeizogen.
Auf dem Heimatflughafen erwartete mich meine Familie, die ich noch nie in meinem Leben so fest in meine Arme genommen hatte.

Die zweite Reise

Nur einen Monat verbrachte ich im grünen und geordneten Deutschland. Es hatte sich verständlicherweise in Afghanistan herumgesprochen, daß nun, nach den Franzosen, auch die Deutschen Hospitäler und Ambulanzen in Afghanistan einrichteten, und so lagen die Bitten mehrerer Kommandanten im Bonner Afghanistan Komitee vor, auch in ihrem Bereich medizinische Versorgungsstellen einzurichten. Ende August 1984 brach ich erneut nach Afghanistan auf. Diesmal ging es in die Provinz Kunar, die wegen ihrer steilen Berge nur schwer begehbar ist. Hier kann kein Pferd oder Esel mehr die steilen Hänge erklimmen, darum muß in Kunar alles Notwendige auf dem Rücken getragen werden. Die gebirgige und noch reich bewaldete Provinz liegt direkt an der pakistanischen Grenze. Obwohl die Entfernung nach Pech, dem Ziel der zweiten Reise, nicht besonders weit ist, brauchten wir vier Tage, bis wir am Bestimmungsort eintrafen. Mich begleiteten 10 Mudschahedin und Kommandant Matiullah, der uns eingeladen hatte. Diesmal ging unser Konvoi bei ‚Dir' in der Nähe von Godakhel über die Grenze. Anfänglich hätte man noch gut mit Pferden reiten können, denn die Gegend vor dem Gebirge ist zwar hügelig, jedoch nicht unwegsam. Hätten wir die Pferde bei dem ersten steilen Pfad stehenlassen sollen? Wir waren also gezwungen, das gesamte Gepäck von der Grenze an auf dem Rücken von Lastträgern transportieren zu lassen.
Zu Mittag des ersten Tages kam uns eine Gruppe von Mudschahedin entgegen, die einen Verwundeten trugen. Das Bein war durch eine Panzergranate verletzt worden und der Knochen böse gesplittert. Ich verband die Wunde notdürftig, gab eine schmerzstillende Spritze und hielt es für das Beste, den Patienten nach Pakistan ins Krankenhaus bringen zu lassen. Man kann sich nur schwer vorstellen, wie mühsam und schmerzhaft ein

solcher Transport für einen Schwerverwundeten ist. Ein Europäer wäre vermutlich während des Transportes gestorben. Die Mudschahedin dieser Gruppe warnten davor weiterzugehen, da über dem Fluß, an der Straße von Jalalabad nach Barikot, die Russen im Dorf Asmar Stellung bezogen hätten und mit Panzern aufgefahren seien. Unter allen Umständen war der Abzug der Russen abzuwarten, denn wo Panzer operieren, da ist mit Sicherheit auch die Luftaufklärung durch Helikopter oder Jets dabei. Wir mußten uns irgendwo verstecken. Die Mudschahedin wußten ein Dorf kurz vor dem Fluß, in dem wir ungefährdet die Nacht verbringen konnten. Wir ließen uns in der Ruine eines Hauses des zerstörten Dorfes nieder. Nach Einbruch der Dunkelheit entfachten wir in einem Mauerwinkel ein kleines Feuer, jederzeit bereit, dieses bei sich nähernden Helikoptergeräuschen auszustampfen. Die Lastträger kochten Reis und bereiteten das Abendessen vor.
Dabei merkte ich im schwachen Schein des Feuers, das die Innenwände der Ruine beleuchtete, einen alten Mann, der scheu an dem übriggebliebenen Türpfosten stand. Ich winkte ihn herein. Langsam kletterte er über die Trümmer, hockte sich am Feuer nieder und streckte seine dünnen Finger gegen die wärmenden Flammen. Er war einer von jenen alten Leuten, die sich nach dem Auszug der Dorfbewohner nicht von dem Ort trennen konnten, an dem sie ihr ganzes Leben verbracht hatten. Einen alten Baum kann man nicht mehr verpflanzen, und das Flüchtlingsdasein hätte er wohl nicht lange überlebt. So bleibt er noch einige Zeit hier, einsam unter einem notdürftig geflickten Dach, bis ihn die Erde zudeckt, die ihn so lange mit ihren kargen Früchten ernährt hat. Wir gaben ihm von unserem Abendessen, das er ohne Zeichen von Dankbarkeit verzehrte, dann stand er auf, stieg über den zerbrochenen Türstock und verschwand in der Dunkelheit.

Am anderen Morgen pirschten wir uns in Richtung Fluß, von wo in unregelmäßigen Abständen das Donnern von Panzergra-

naten zu hören war. Etwa 1500 m weiter auf der anderen Seite des Flußufers hatten die Panzer Stellung bezogen. Damit uns die Panzerschützen mit ihren Feldstechern nicht ausmachen konnten, gingen wir am Boden in Deckung. Es waren drei Panzer und ein Schützenpanzer, die ohne erkennbaren Grund in Richtung Straße feuerten. Soviel verstand ich aus den Gesprächen der Mudschahedin bereits, um zu wissen, daß sich links oben auf dem bewaldeten Hügel eine Maschinengewehrstellung von Mudschahedin aus dieser Gegend befand. Nach etwa 20 Minuten kamen zwei Helikopter, die anscheinend den Panzern zum Schießen genaue Zielvorgaben zu machen hatten. Gleichzeitig sah ich eine Gruppe von etwa sieben Männern und Frauen, wahrscheinlich auf dem Weg zur Grenze, die vorsichtig auf unserer Seite des Ufers in der Deckung einer Baumgruppe nach vorn kamen. Sie hatten einen Esel und ein Maultier am Halfter und versuchten auszumachen, wo sich die Helikopter befänden. Da entkam der Esel und lief, aufgeregt durch das Donnern der Panzergranaten und das Brummen der Helikopter, am Ufer entlang. Die beiden Helikopter schwenkten sofort von ihrem Standort in der Nähe der Panzer ab und begannen, den Esel zu jagen. Während der eine in bewährter Weise oben blieb, ging der andere tiefer und schoß auf das ängstlich dahinlaufende Tier. Aber der Esel machte kehrt und lief im Zick-Zack wieder auf die Baumgruppe zu, in der die restliche Gruppe tief in Deckung gegangen war.
»Hoffentlich sehen sie die Leute nicht«, dachte ich. Immer wieder knatterte eine Salve auf das arme Tier nieder, das aber so geschickt hin- und herlief, daß es den Russen nicht gelang, es zu treffen. Vier- bis fünfmal schwenkte der schwere Helikopter etwa 20 m über dem Boden und schoß, was das Zeug hielt. In seiner Panik lief der Esel in eine begrünte Felsenfurche, die, vor Urzeiten vom Fluß ausgespült, sich so stark verengte, daß der Esel am Ende der Sackgasse nicht mehr umdrehen konnte und erschöpft stehenblieb. Das war seine Rettung. Gleichzeitig schoß vom Hügel nämlich auch die Das-

haka, das Maschinengewehr der Mudschahedin, auf den Helikopter, der sofort auf Marschhöhe ging und in die Richtung der Dashaka Raketen abfeuerte. Immer wieder knatterte das Maschinengewehr, und die Helikopter antworteten aus sicherer Höhe mit ihren Raketen. Auch die Panzer setzten sich nun in Position und schossen in Richtung der Dashaka, bis sie verstummte. Ich weiß nicht, ob sie getroffen worden war oder ob die Schützen sich zurückgezogen hatten. Panzer und Helikopter begannen nun den Rückzug und verschwanden schließlich.

Kurz danach krochen wir aus unseren Verstecken und gingen zum Fluß, aber da war kein Hinüberkommen möglich. Keine Brücke weit und breit. Schnell und reißend kam das Wasser aus den Bergen. Die Mudschahedin suchten überall nach dem Fährmann, den es hier geben sollte, aber verständlicherweise war auch er wegen der Schießerei in Deckung gegangen. Nach einiger Zeit war er ausfindig gemacht und kam mit seinem Sohn, mit dem er auch das Fährboot auf dem Rücken trug. Es bestand nur aus zwei großen, aufgepumpten Gummischläuchen von Traktorreifen, auf die Bambusstangen dicht aneinander aufgebunden waren. Das Ganze war etwa 3,5 m lang und etwa 2 m breit und sah nicht sehr vertrauenerweckend aus. Der Fährmann und sein Sohn hatten zudem noch zwei paddelähnliche Schaufeln, mit denen sie wahrscheinlich das ganze Ding zu steuern versuchten. Etwas skeptisch bestiegen wir zu zwölft die Plattform, standen knapp mit den Füßen im Wasser und versuchten, uns aneinander festzuklammern. Wir stießen uns vom Ufer ab, und die Strömung drückte unsere Plattform sofort in eine gefährliche Schräglage. Jeder krallte sich am anderen fest, um nicht ins Wasser zu fallen. Die beiden Fährleute paddelten wie verrückt, es half jedoch so gut wie nichts. Der Fluß kam uns glücklicherweise selbst zur Hilfe. Die nächste große Welle rettete uns aus der Schräglage, und es ging mit großer Geschwindigkeit flußabwärts. Erst nach etwa 2 km erreichten wir nassen Fußes, aber wohlbehalten das andere Ufer. Vater

und Sohn zogen die Plattform wieder an Land und machten sich, das sperrige Ungetüm auf dem Rücken, flußaufwärts auf den Weg.
Nicht weit von hier begannen die Berge und für uns der mühsame Aufstieg. Nach etwa vier Stunden, in denen wir teils auf allen Vieren die Hänge hinaufklettern mußten, engagierte ich einen der Mudschahedin, mir mein Gepäck zu tragen. Obwohl vom Rucksack erleichtert, war ich so angestrengt, daß ich den Schweiß regelrecht aus den Kleidern auswringen konnte. Der Berg nahm kein Ende. Gegen Abend, es waren gerade die letzten 100 m vor dem Höhenrücken zu bewältigen, überholte mich mein Gepäckträger und fragte freundlich, ob ich nicht noch auf seinem Rucksack Platz nehmen wolle, es würde nur 200 Afghani, also zwei Dollar kosten.
Unglaublich, welche Kraft und Ausdauer diese Leute haben. Von klein auf das Steigen in den Bergen gewohnt, haben sie es zu einer beneidenswerten Kondition gebracht. Ich war der letzte des Zuges. Die ganze Gruppe stand schon oben und feuerte mich mit freundlichen Zurufen an. Endlich oben angekommen, mußte ich mich setzen. Keuchend, mit schweißnassen Kleidern am Leib, brauchte ich etwa 15 Minuten, bis ich einigermaßen wiederhergestellt war.
Drei Köhler hatten hier auf der Anhöhe ihre Hütten, zwischen denen die großen Holzkohlemeiler rauchten. Sie führten mit ihren Familien ein beschauliches Leben in dieser herrlichen Bergwelt. Die Mudschahedin kauften ihnen eine Ziege ab, entfachten ein Feuer und bereiteten ein Abendessen. Aber von dieser Ziege habe ich nichts mehr gesehen. Ich legte mich in die Hütte, die mir ein Köhler zur Verfügung gestellt hatte, und schlief sofort ein. Der Muskelkater am nächsten Morgen war beträchtlich. Ächzend ließ ich mich an der Frühstücksrunde nieder und hätte mich gerne den ganzen Tag hier oben ausgeruht, aber es dauerte nicht lange, da brachen die Mudschahedin wieder auf und begannen den Abstieg. Es ist verständlich, daß hier kein Reittier mehr gehen kann, mußten wir doch selbst

Flüchtlingselend

Abb. 1 und 2:
Flüchtlingslager, die ich auf meiner ersten Reise nach Pakistan für "Help" besuchte. Sie liegen in den North-Western-Frontier-Provinces bei Kuram Agency.
Tausende von Familien leben hier und hoffen, vielleicht einmal wieder nach Hause in ihre Heimatdörfer zurückkehren zu können.

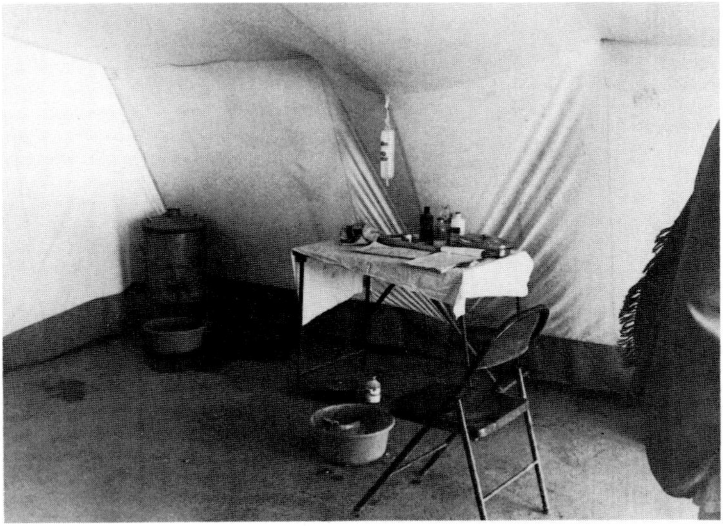

Abb. 3 und 4:
Oben: Ein Behandlungszelt in einem der Flüchtlingslager. Einfach, aber segensreich für viele Patienten.

Unten: Ein häufiger Anblick. Immer wieder begegnen einem die Flüchtlingszüge, meist sind sie wochen- und monatelang unterwegs.

Abb. 5 und 6:
Flüchtlinge auf der Reise nach Pakistan.

Flüchtlingskinder

Abb. 8:
Von den langen Märschen ermüdet, schlafen die Kinder in Säcken, die am Reittier seitlich herunterhängen.

Abb. 9:
Ein junges Mädchen bewacht die Teppiche, die man nicht zurücklassen wollte.

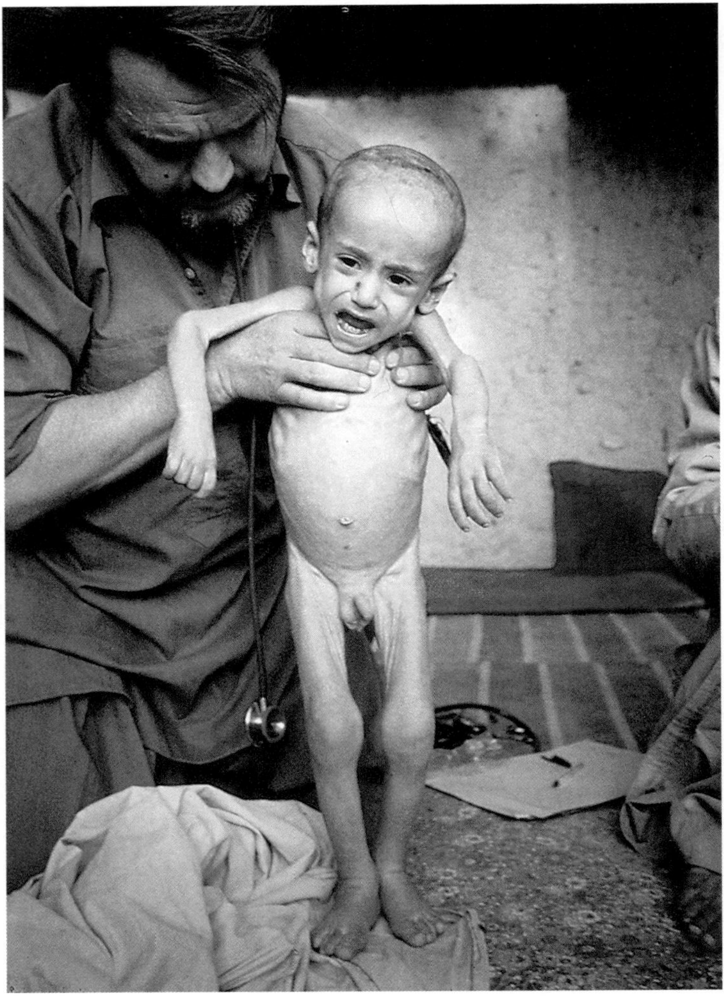

Abb. 12:
Ein völlig unterernährtes Kind wird mir zur Behandlung gebracht.

Afghanistan heute

Abb. 13:
Der Grenzort Terimangal, in dem wir auf der ersten Reise drei Tage auf unsere Mudschahedin warteten. Hier sieht man das geschäftige Treiben auf dem Pferdemarkt. Diese Aufnahme entstand vor der Bombardierung.

Abb. 14
Eine Mudschahedin-Gruppe zieht durch ein zerstörtes Dorf in Paktia.

Abb. 15 und 16:
Stunde um Stunde geht es durch die baumlosen Berge in Nangahar. Tagsüber ist es heiß, nachts eiskalt.

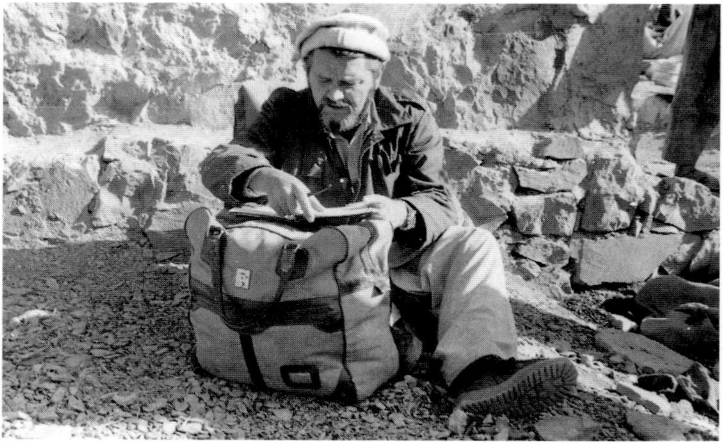

Abb. 17:
Eine Ruhepause nach dem langen Marsch benütze ich, um noch im Tageslicht mein Reisetagebuch zu schreiben.

Abb. 18:
Es dauert nicht lange, dann werde ich in ein Haus zur Behandlung gerufen. Natürlich geht das nicht, ohne daß viele neugierige Augen zusehen.

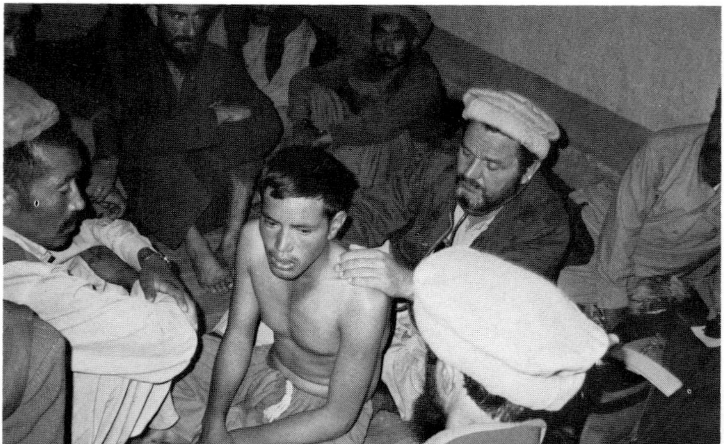

Abb. 19:
Resignation spiegelt sich in den Gesichtern dieser Männer, nachdem russische Helikopter ihr Dorf in der Provinz Nangahar in Trümmer gelegt hatten.

Abb. 20:
Das Dorf Khudi-Khel nach der Bombardierung. Die Bevölkerung ist in die Berge geflohen. Nur einige Mudschahedin bewachen das, was von dem Dorf übrig blieb.

Abb. 21:
Das Dubandi-Tal gehört zu den Gegenden Afghanistans, die am meisten zerstört sind. Hier ein Dorf, kurz nach dem Raketenbeschuß. Rauch steigt aus den brennenden Häusern.

Abb. 22:
Auf der Rückreise durch das Dubandi-Tal. Solche Dörfer sind ein häufiger Anblick.

Abb. 23:
Wenn die Sonne auf die Tierkadaver herunterbrennt, erfüllt ein unerträglicher Verwesungsgeruch das Dubandi-Tal.

Abb. 24:
Nach einem Helikopter-Angriff bleibt wieder ein Reittier tot liegen. Es wird bevorzugt auch auf Tiere geschossen, um Transportmöglichkeiten zu vernichten.

Abb. 25:
Erschöpft nach einem unendlich langen Ritt in Bamyan.

Abb. 26:
Rast auf dem Berg Kam. Der Paß von Hajigak hat eine Höhe von 3600 m.

In Barfak

Abb. 27:
Hier mein Krankenhaus in Barfak. Einige Patienten haben sich in der frühen Morgenstunde schon eingefunden. Nach dem Bombardement auf das Krankenhaus in Doab verlegten wir vergangenes Jahr das Krankenhaus vorsichtshalber in die Berge.

Abb. 28:
Nach der Ankunft in Barfak gibt es nur wenig Zeit zum Ausruhen. Die Medikamente, die den Transport nicht überstanden haben, müssen ausgesondert werden. Bei 460 kg ist man damit schon einen Tag beschäftigt.

Abb. 29:
Die Mudschahedin beim Mittagessen.

Abb. 30:
Die Jirga wurde in Barfak einberufen. In diesen Dorfversammlungen werden unter anderem auch die militärischen Aktionen der Mudschahedin entschieden.

Abb. 31
Wir werden mit militärischen Ehren empfangen. Hier, bei einem Besuch in Samangan, haben sich die Freiheitskämpfer zum Salut-Schießen aufgestellt.

Abb. 32:
Das ist mein Freund und Kollege Dr. Kazim Noori, einer der afghanischen Ärzte, die den Mut hatten, mit uns im Landesinneren zu arbeiten.
Ich war 6 Monate mit ihm in Barfak. Am 21. 12. 85 wurde er, mit 18 Personen, in einem Hinterhalt von den Russen erschossen. Er war auf dem Weg zu seiner Familie.

Abb. 33:
Behandlungsalltag in Barfak. Der Dispenser muß genau zusehen, denn wenn kein Arzt da ist, wird er selbst die Behandlung fortführen.

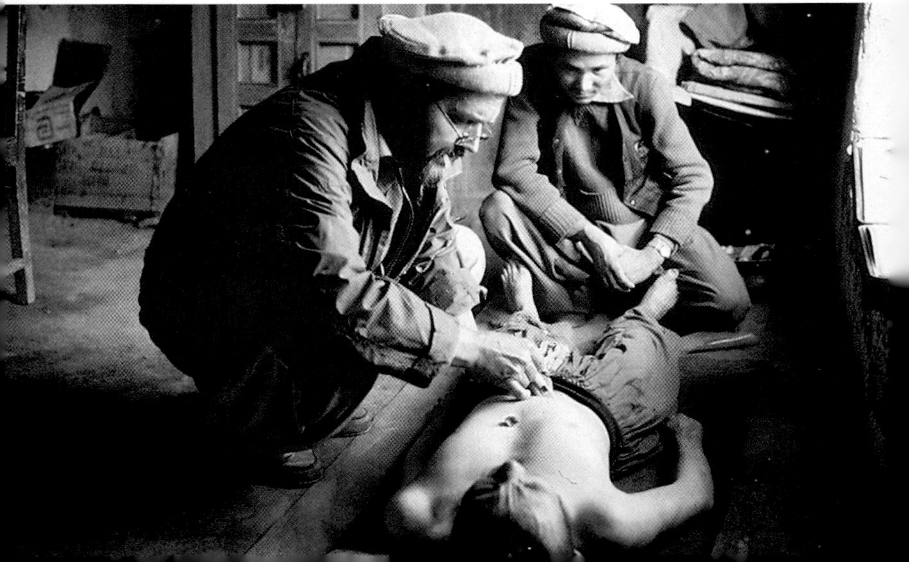

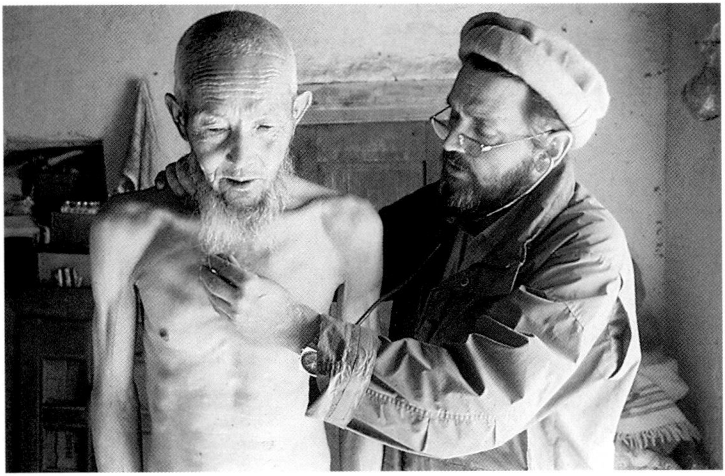

Abb. 34:
Behandlung in Barfak.

Abb. 35:
Hausbesuch bei einer Patientin.

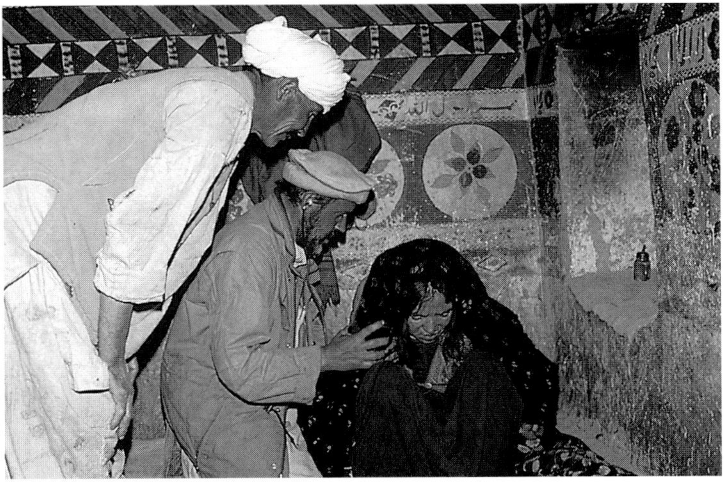

Das Krankenhaus in Doab

Abb. 36:
Das ist mein schönes Krankenhaus in Doab. Es war noch vom Schah gebaut worden und wurde vorher als Hotel benutzt. Bis auf die Wasserleitungen war noch alles intakt.
Während der Behandlungszeit hielten sich hier 80 – 100 Menschen auf.

Abb. 37:
So sah das Krankenhaus nach der Bombardierung vom 28. 5. 84 aus. Durch die Nachlässigkeit eines Taxifahrers war ich zur gewohnten Zeit nicht zur Behandlung erschienen und die Patienten großenteils wieder heimgegangen. Mit ca. 20 Bomben und Raketen legten die Russen das Gebäude gegen 9.00 Uhr in Trümmer. Drei Menschen wurden schwer verletzt.

Abb. 38:
Ich laufe auf den Trümmern des Ambulanz-Raumes herum. Vielleicht ist das eine oder andere noch zu retten, aber alles ist zerstört. Eine Granate hat mitten im Behandlungszimmer eingeschlagen.

Abb. 39:
Unsere Mudschahedin nehmen das Ausmaß der Zerstörung in Augenschein.

Abb. 40:
Kein Bombentrichter war weiter als 50 m von unserem Krankenhaus entfernt. Das Dorf Doab (Bild) wurde nicht zerstört.

Abb. 41:
Herzlicher Abschied von dem Kommandanten Bas Mohammed.

Abb. 42:
Rückreise nach meinem zweiten Aufenthalt in Barfak.

Abb. 43 und 44:
Immer wieder begegnet man den traurigen Zeichen des Krieges.

Abb. 45:
Standortbestimmung und Reisebericht-Schreiben in einer ruhigen Minute.

Abb. 46:
Auf der Rückreise zu Pferd über den Hadjigak-Paß.

Abb. 47:
In den Bergen kommen uns immer wieder Mudschahedin-Gruppen entgegen, die nach Pakistan unterwegs sind, um für Nachschub zu sorgen.

Einzel-Schicksale

Abb. 48:
Auf meiner letzten Fahrt, die mich mehr in den Süden Afghanistans führte, traf ich die amerikanische Gruppe mit dem Redakteur Charles Thronton, der kurz nach dieser Aufnahme in einem Hinterhalt der Russen erschossen wurde. (Thronton sitzt neben mir, mit dem Glas in der Hand. Der Dritte von links).

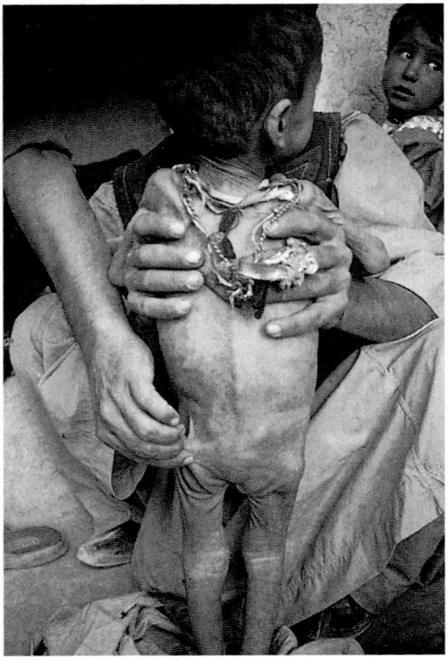

Abb. 49:
Behandlung auf der Straße. Der Junge hat einen schweren Malaria-Anfall. Gegen das Fieber spritze ich Novalgin.

Abb. 50:
Dieses unterernährte Kind hat keine Kraftreserven mehr. Wenn nicht schnell etwas geschieht, wird die geringste Infektion für das Kleine den Tod bedeuten.

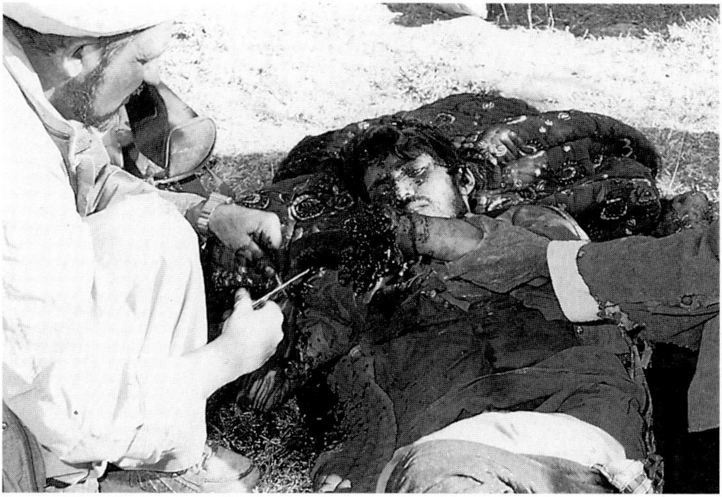

Abb. 51:
Diesem jungen Mann hat eine Mine die Hand abgerissen. Die Wunde muß ich ohne Narkose behandeln.

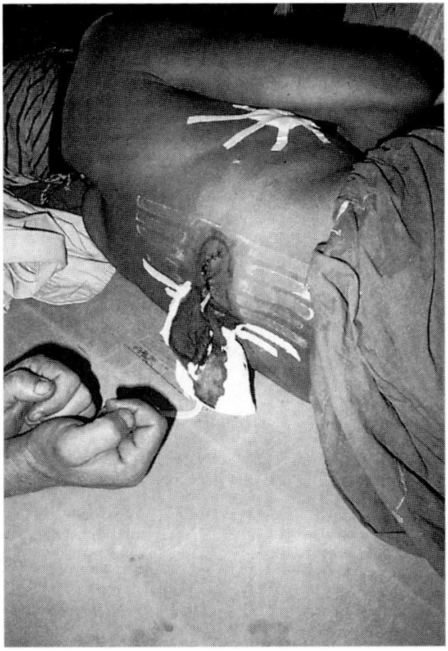

Abb. 52:
Eine Kugel war diesem Mudschahedin durch die Brust gedrungen. Die Wunde wurde nicht gut genäht und es droht eine Infektion.

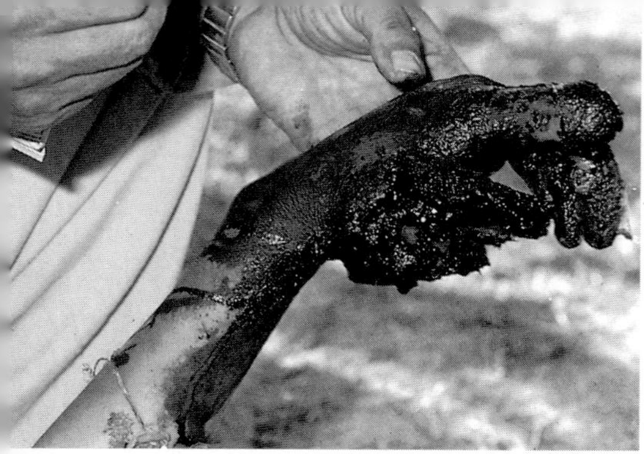

Abb. 53:
Eine schwere Minenverletzung, die ich in der Gegend von Kandahar behandelte.

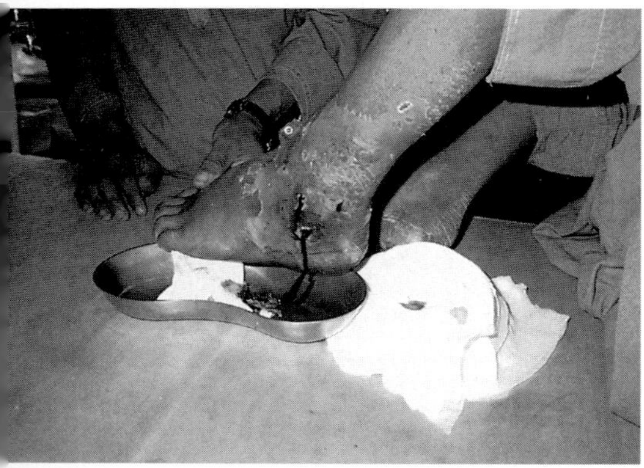

Abb. 54:
Nach einer Schußverletzung erfolgte die Infektion des Knochens. (Osteomyelitis).

Abb. 55 und 56:
In der Nähe von Terinkot wurden bei einer Offensive der Russen viele Mudschahedin getötet.
Die Leichen werden zur Beerdigung vorbereitet. Dem Mann links unten (Abb. 55) ging ein Schuß aus unmittelbarer Nähe ins Gesicht.

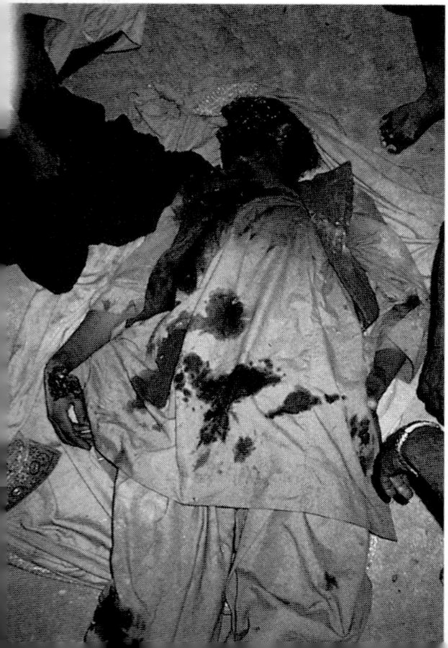

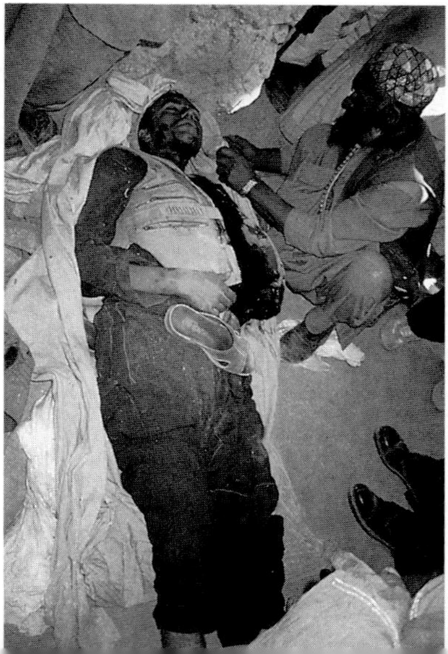

beim Abstieg oft den Hosenboden als Bremse benutzen, so steil war die Gegend.
Die Leute sind freundlich und aufgeschlossen, wie sonst nirgends in Afghanistan. In den bewaldeten Bergen und den fruchtbaren Tälern, in denen Reis, Gerste, Obstbäume, Weintrauben und Mandelbäume wachsen, leben die Menschen in bescheidenem Wohlstand und sind gut genährt. Malerisch liegen die Bergdörfer an den Hängen, Nestern gleich und zum Tal hin offen. Ein Haus neben dem anderen, sieht das ganze Dorf einer kleinen Kolonie ähnlich. Hier kreisen Adler noch um ihre Horste, auch Bussarde und andere seltene Vögel findet man in den Wäldern. Die Dörfer sind dank des unwegsamen Geländes von den Wirren des Krieges wenig berührt.
Nach vier Tagen bergauf und bergab - ich kann nicht sagen, wie viele Höhenmeter wir in dieser Zeit überwunden haben -, kamen wir im Pechtal an. Das Dorf Pech liegt sehr schön an einem Hang, der unten in ein fruchtbares Tal mündet. Etwa 15.000 - 20.000 Familien leben in dem langgestreckten Tal und sind seit Jahren, wie die gesamte Provinz, ohne ärztliche Versorgung.
Gleich nach meiner Ankunft, ich hatte gerade noch Gelegenheit, mich etwas zu waschen, begann schon die Behandlung. Viele Kranke leiden hier an Arthrose, so daß schon nach kurzer Wegstrecke die Gelenke der Patienten anschwellen. Wenn man sie punktiert, fließt, falls das Knie nicht infiziert ist, eine gelblich seröse Flüssigkeit heraus und deutet auf die arthrotische Veränderung des Gelenks hin. Jede Bewegung ist mit sehr großen Schmerzen verbunden. Offensichtlich kommt die Häufung dieser Gelenkerkrankungen von dem ständigen Auf- und Absteigen in den Bergen.
Kommandant Matiullah stellte uns einen Raum als Krankenstation zur Verfügung und besorgte auch die Einrichtung nach meinen Anweisungen. Damit auch nach meiner Abreise die Behandlung einigermaßen fortgeführt werden konnte, bildete ich einen Dispenser im Schnellverfahren aus, der zudem die

Aufgabe hatte, die mitgebrachten Medikamente eigenverantwortlich auszugeben und für die Nachschubmeldungen zu sorgen, bis ein ständig praktizierender Arzt für diese Station gefunden sein würde.
Schon nach zwei Monaten trat ich wieder die Rückreise nach Peshawar an, denn ich hatte mit dem Bonner Afghanistan Komitee abgesprochen, noch vor dem Wintereinbruch die Krankenstationen in Barfak und Tala zu besuchen. Es war also Eile geboten.
Etwa ein halbes Jahr später haben die Russen bei einer Offensive diese Dispensary in Pech entdeckt, die Medikamente mitgenommen und alles kurz und klein geschlagen. Es war die zweite meiner Stationen, die von den Sowjets vorsätzlich zerstört worden ist. Damals sind sehr viele Leute umgekommen, und der Großteil der Bevölkerung hat nach der Offensive aus Angst vor weiteren Angriffen das mühsame Flüchtlingsdasein auf sich genommen oder hat sich in den Bergen versteckt.

Zerrissenes Afghanistan

In Peshawar angekommen, hielt ich mich nicht lange auf, um rechtzeitig vor dem Winter wieder aus den Stationen zurück zu sein. Der Gedanke, vier bis fünf Monate in Barfak zu bleiben, war bestimmt sehr aufopfernd, aber nicht angenehm. Unser Komitee in Bonn versuchte schon die ganze Zeit mit allen Mitteln, einen afghanischen Arzt ausfindig zu machen und zu engagieren, der ständig in diesen Stationen praktizieren könnte. Erst nach etwa einem halben Jahr gelang uns dies auch. Ich nahm also nach kurzer Zeit zum zweiten Mal den Weg nach Tala und Barfak auf mich.
Je öfter man diese gefährlichen Strecken ins Landesinnere geht bzw. reitet, um so routinierter wird man im Umgang mit Posten und den Versteckspielen vor den Helikoptern. Trotzdem ist es jedesmal ein lebensgefährliches Unternehmen.

Erklärungsversuche

Von einem Erlebnis auf dieser Reise möchte ich noch berichten, das etwas von der Eigenart der Mudschahedin und ihrer Kampfbereitschaft zeigt.
Es war auf der langen Hochebene von Baraki, die man in einer Nacht zu durchschreiten hatte. In Begleitung von etwa 16 Mudschahedin war ich bereits die ganze Nacht geritten, und die Straße nach Gardez konnte nicht mehr weit sein, denn wir hatten den kürzeren Weg, näher am Posten, genommen. Kurz hinter uns war von Dubandi aus eine Gruppe von etwa 200 Mudschahedin aufgebrochen, die eine Menge Kriegsgerät mit sich führten. Sie hatten die Lasttiere schwer mit Panzerfäusten, Minen, Raketen und Gewehren beladen. Die Männer der Gruppe wunderten sich, daß ich keine Waffe trug, nickten aber

verständig, als mein Begleiter sie über meinen Beruf aufklärte. Es war eine dunkle und kalte Nacht. Einer von den Männern der Gruppe hinter uns kam während der Nacht zu mir vor und deutete auf seine geschwollene Schilddrüse. Er hatte eine große Struma, die ihn beim Atmen und Schlucken behinderte. Ich sagte ihm, daß er operiert werden müsse und ich hier nichts tun könne. Er nickte keuchend und ging zu seiner Gruppe zurück. Ich hatte gerade vor, nach hinten zu reiten und mit seinen Kameraden darüber zu sprechen, ob es sich nicht machen ließe, daß er auf einem der Pferde reiten könne, damit er nicht so schwer schnaufen müsse, da hörten wir plötzlich Panzergeräusche. Im selben Augenblick gingen Scheinwerfer an, und Maschinengewehrkugeln pfiffen durch die Luft. Neben uns spritzte der Boden auf. Wir sprangen sofort von den Pferden und versuchten, sie hinter eine Böschung in den Graben zu zerren. Es war sehr mühsam, mein Tier festzuhalten, denn aufgeschreckt durch das Knattern der Maschinengewehre wollte es Reißaus in die Nacht nehmen. Endlich erreichte ich die Böschung, das Pferd stolperte über etwas und fiel seitlich zu Boden. Ich warf mich daneben und versuchte, das Tier mit dem Halfter auf der Erde zu halten. Unaufhörlich schießend fuhren an mir die Schützenpanzer vorbei. Ich glaube, es waren zwei dieser Art und ein großer Panzer. Sie schossen pausenlos in die Gruppe hinter uns. Etwa vier Minuten lang war ununterbrochen Geschütz- und Maschinengewehrfeuer zu hören. Dann entfernte sich das Dröhnen der Motoren, und nach einiger Zeit trat Stille ein.

Kaum waren die Panzer verschwunden, rief ich meinen Begleitern zu: »Los, weg von hier,« dann zog ich das Pferd hoch, verließ die Deckung und rannte über die Straße. Nach und nach kamen auch die Mudschahedin, die mich begleitet hatten, aus ihren Verstecken, und wir ritten, so schnell uns die Pferde trugen, nach Baraki.

Für mich am unverständlichsten war die Tatsache, daß die bis unter die Zähne bewaffneten Mudschahedin nur vereinzelt

Schüsse abgegeben hatten, obwohl die Panzerfäuste griffbereit auf den Lasttieren lagen. In Baraki warteten wir in einem Teehaus nahe der Straße. Immer wieder kamen Männer aus dieser Gruppe und berichteten aufgeregt, daß etwa 40 Mudschahedin umgekommen seien. Ich fragte sie, warum sie denn nicht zurückgeschlagen hätten, und sie beteuerten mir, sie hätten tapfer gekämpft. Etwas später kamen die ersten Männer mit leichteren Schußverletzungen; einem entfernte ich eine Kugel, die durch den Oberarm gedrungen und im Schulterblatt steckengeblieben war. Um an das Projektil heranzukommen, mußten Teile des Schußkanals aufgeschnitten werden. Kurzerhand verwandelte ich das Teehaus in einen Behandlungsraum und operierte am Boden. Zwei Kameraden hielten den Mann fest, da ich ohne Narkose schneiden mußte. Der Mann bäumte sich jedoch bei jeder Berührung vor Schmerz auf, und so dauerte es lange, bis ich endlich die Kugel mit der Pinzette herausziehen konnte. Ich gab ihm eine Penizillinspritze, um einer Infektion vorzubeugen, und verband die Wunde. Etwa zweieinhalb Stunden war ich damit beschäftigt, die nach und nach ankommenden Verwundeten zu behandeln. Sie berichteten mir, die Schwerverletzten seien mit den Lasttieren weggebracht worden, und man wolle versuchen, sie nach Pakistan über die Grenze zu schaffen.

Sicher, die Sowjets hatten einen überraschenden Hinterhalt gelegt, aber meines Erachtens war nicht dieser Umstand allein der Grund für die fehlende Verteidigung. Die Mudschahedin sind keine Einzelkämpfer, und es hängt hier, wie in jeder Gruppe, viel von der Führung ab. In diesem Falle hatte es der Kommandant sicher versäumt, den Befehl zur Verteidigung zu geben, oder aber er war der Sache nicht gewachsen. Oft werden diese Transporte auch von Unterkommandanten angeführt, da der Kommandant selbst in seinem Gebiet bleiben muß, und manchmal unterstehen die Leiter solcher Transporte auch noch einem höherrangigen Mullah oder gar Maulebi, der zwar ein

Würdenträger ist, aber selten ein erfahrener Kommandant. Hier kommt aber auch noch ein stammesterritoriales Verhalten zum Tragen. Gekämpft wird strenggenommen nur im eigenen Gebiet. Diese Mudschahedin waren hier nicht zu Hause und hatten Waffen und Munition zur Verteidigung ihrer Dörfer besorgt. Sie waren also in diesem fremden Gebiet nicht genügend motiviert zu kämpfen, was zeigt, daß es augenscheinlich eine recht klare Hierarchie gibt, mit wem der Afghane solidarisch ist.

Da ist an erster Stelle die Familie. Wird z.B. an einem Verwandten eine Untat begangen, so rächt sich traditionell auch die Familie am Übeltäter. Dann erst kommt in dieser Rangordnung das Dorf, der Stamm oder die Gegend, der sich der Afghane verpflichtet fühlt. Was aber alle zu einem Volk zusammenschließt, wenn auch nicht völlig vereint, ist der Glaube an Allah und seinen Propheten. Etwa 75% der Bevölkerung gehören der sunnitischen Richtung des Islams an, der Rest entfällt auf Schiiten und andere Religionsgruppen.

Wie vielschichtig die Bevölkerung Afghanistans ist, zeigt die Zahl von insgesamt elf ethnischen Gruppen, aus denen sich das Volk zusammensetzt. Die eine Hälfte gehört zum Stamm der Paschtunen, die andere Hälfte teilt sich prozentual auf in Tajiken (20%), Hazara (10%), Turkmanen, Usbeken, Kirgisen (13%), Baluchen, Nuristani, Farsiwani, Mongolen, Eimak (7%). Vor dem Einmarsch der Russen lebten in Afghanistan sechzehn bis achtzehn Millionen Menschen. Davon waren mehr als zwei Millionen Nomaden, die zwischen Afghanistan und Pakistan, den heutigen Tribal areas, hin und her wanderten. Ein afghanisch gesamtstaatliches Denken konnte in der Geschichte durch diese Schichtungen nur sehr begrenzt wachsen, zumal die Landbevölkerung von der Regierung in den vergangenen Zeiten nur wenig Positives erfahren hatte. So ist die Widerstandsmotivation der Freiheitskämpfer nur in geringem Maße auf die nationale Solidarität zurückzuführen. Der Afghane kämpft, weil er den untrüglichen politischen Instinkt besitzt, der ihm sagt, wer sich zu Recht oder zu Unrecht auf seinem Gebiet befindet. Es gibt nichts Verachtenswürdigeres für ihn, als kampflos die eigene Freiheit aufzugeben. Freiheit und Selbstbestimmung sind für den Afghanen in seinem ohnehin oft kargen und mühsamen Leben das, was ihn zum Menschen macht, was seine Ehre und Würde zeigt. Dies spiegelt sich auch in den oft ernsten und charaktervollen Gesichtern der Afghanen wider und zeigt so die hohe Entwicklung des Gefühls der Würde des Menschen.

Im großen und ganzen war der Betrieb in Tala und Barfak während meiner Abwesenheit zufriedenstellend weitergegangen. Trotz der ungenügenden Entlohnung der Dispenser - ihre Bezahlung mußte ich anders organisieren -, hatten sie gute Arbeit geleistet. Damit die Behandlung kontrolliert werden konnte, war jeder Dispenser verpflichtet, Krankenkarten zu führen. Darin hatte er Name, Wohnort und ungefähres Alter des Patienten einzutragen, die Beschwerden kurz zu charakterisieren sowie die Art des abgegebenen Medikamentes festzuhalten. So war gewährleistet, daß der Nachschub der Medikamente geplant werden konnte und auch Diagnose und Medikation des Dispensers nachvollziehbar war.
Auch jetzt trug ich mich immer mit dem Gedanken, die Stationen Tala und Barfak in die Berge zu verlegen, da die Bombardierungen in diesem Gebiet ständig zunahmen.

Der Tod in Afghanistan

Es war in der Nähe von Banditschak auf meiner Rückreise von Samangan. Ich wurde in ein Dorf, etwa 10 km von Banditschak entfernt, gerufen, um Hausbesuche zu machen. Es lag an einer der Nebenstraßen, der großen, berühmten Ringstraße Kabul-Ghazni-Kandahar, einer regelrechten Konvoi-Rollbahn, die am Tage von den Regierungstruppen gut geschützt und dauernd überwacht wird, vor allem, wenn sowjetische Konvois auf der Straße sind. Es war eines der langen, typisch afghanischen Straßendörfer, in denen die Gehöfte in lockerer Reihe entlang der Straße stehen.

Ich war gerade in einem der Häuser zur Behandlung und stand bei einer alten Frau, die an der Parkinsonschen Krankheit litt und sich nicht mehr erheben konnte. Wie immer bei einer Behandlung im Dorf, hingen die Schaulustigen an der Türöffnung und verdunkelten den Raum so, daß ich kaum etwas sehen konnte. Ich wollte mich gerade zu den Angehörigen umdrehen und sie über meine Diagnose aufklären, da donnerte und krachte es vier-, fünfmal hintereinander. Die Hütte wackelte, Töpfe fielen mit lautem Getöse auf den Boden, und die Menschen liefen in Panik schreiend auseinander. Die kranke Frau versuchte erschrocken, sich an meinem Arm festzuhalten, und begann laut zu schreien. Unmittelbar danach hörte man Düsenflugzeuge pfeifend und brüllend über die Hütte hinwegfliegen. Es ist immer so, wenn Düsenjäger oder Jagdbomber angreifen: die Raketen explodieren, ehe man den Lärm der herankommenden Flugzeuge hört, da sie schneller als der Schall fliegen. Es gibt keine Möglichkeit, sich vor den Jets zu schützen. Wenn es kracht, ist es meist schon zu spät für eine Rettungsmaßnahme.

Augenblicklich verließ ich die Hütte und lief zur Straße, um zu sehen, wo die Bomben niedergegangen waren. Ein Junge schrie: »Jets, Jets,« und deutete mit erhobenem Zeigefinger auf einen Punkt am Horizont. Sie kamen zurück. Nur einen Augenblick sah ich die beiden häßlichen Vögel am Himmel in hoher Geschwindigkeit auf das Dorf zufliegen, warf mich sofort hinter eine Mauer, und schon explodierten wieder Raketen etwa 800 m von mir entfernt. Donnernd flogen die Jets eine Kurve, dann steil in die Höhe und waren kurz darauf verschwunden. Ich sprang auf. Frauen und Kinder liefen schreiend neben mir her. Als wir an die Stelle kamen, an der die Bomben eingeschlagen hatten, sah ich zunächst etwa vier Gruppen von Männern und Frauen, die dichtgedrängt, wild gestikulierend und lärmend um etwas herumstanden. Die Häuser um den kleinen Platz herum waren vollkommen zerstört und der Boden durch die Granaten umgepflügt. Ich steuerte wahllos auf eine der Gruppen zu und drängte mich durch die Menge. Ein Bündel lag am Boden. Erst bei näherem Hinsehen erkannte ich ein völlig entstelltes Kind, dessen Mutter immer wieder die noch unversehrte Hand küßte und streichelte. Ich stand da, unfähig zu denken und zu handeln. In meinem Beruf habe ich schon viel menschliches Elend gesehen, aber dieser Anblick ging über meine Kräfte.

Da die Leute wußten, daß ein Arzt im Dorf war, und mich als Europäer identifizierten, öffneten sich bereitwillig die Gruppen und ließen mich vor. Ein zweites Kind lag da, am Körper fast unversehrt, der halbe Schädel weggerissen. Etwa drei Meter weiter lag eine Frau am Boden, durch Splitter tödlich verletzt. Auch hier war nichts mehr zu machen. Nur ein Mann lebte noch. Ihm war das rechte Bein abgerissen worden, und in der Schlüsselbeingegend klaffte eine große Wunde. Der Oberarm war völlig zerstört. Der Mann hatte das Bewußtsein verloren. Ich versuchte verzweifelt die Blutungen zu stillen; das Bein ließ sich abbinden, aber die Verletzung am Brustkorb war so groß, daß ein Teil der Lunge freilag und ich vergebens versuchte, die größeren blutenden Gefäße abzubinden. Eine Frau, anscheinend die Ehefrau des Mannes, flehte mich dringend an, etwas zu tun, und doch wußte ich bereits, daß hier jede ärztliche Kunst

kapitulieren mußte. Der Mann war zu schwer verletzt. Nur gut, daß er nichts spürte, keine Schmerzen hatte. Ich nahm einen Packen Verbandmull und preßte es in die klaffende Wunde am Schlüsselbein. Das Blut, das sich über der freiliegenden Lungenhaut angesammelt hatte, wurde durch den Mull sofort aufgesogen. Durch das Pressen ließ auch die Blutung nach.
Die Frau hielt den Verletzten in halbsitzender Position, stützte den Kopf und schluchzte. Ich drückte ihre linke Hand auf den Verband und deutete an, ihn festzuhalten, was sie auch krampfhaft tat. An ihrem Gesicht sah ich, wie wichtig es für sie war, jetzt eine Aufgabe zu haben. Am meisten behinderte mich die herandrückende und schreiende Menge. Ich war schon von oben bis unten voller Blut und versuchte immer wieder, die Gefäße abzubinden. Es war nicht möglich.
Nach einer halben Stunde starb der Mann, ohne das Bewußtsein wiedererlangt zu haben.
Ich stand auf, trat zurück und mußte eine Weile auf und ab gehen, um mein Inneres wieder unter Kontrolle zu bringen. Dann ging ich zu dem kleinen Jungen, der auf dem Schoß seiner Mutter saß, dort am Rande des Platzes. Ihm war ein Balken auf den Rücken gefallen und hatte ihm schwere Prellungen zugefügt; wahrscheinlich, nach der Kopfwunde zu urteilen, auch eine Gehirnerschütterung. Ich nahm den Jungen vorsichtig auf die Arme und brachte ihn in das Haus seiner Mutter.
Als die Bomben gefallen waren, hatte er sich gerade im Haus eines Freundes aufgehalten, den er zum Spielen besucht hatte; soviel verstand ich aus den aufgeregten Worten der Mutter. Anscheinend hatte sein Freund gerade das Haus verlassen und war über den Platz gegangen, wo er den grausamen Tod fand. Der Junge mußte das alles mit angesehen haben und stand unter einem schweren Schock. Ängstlich wehrte er sich gegen meine Behandlung, denn schließlich war es ein Fremder, der ihn da berührte.

Wo ich auch immer Bombardierungen miterlebt habe, in Fatehabad, auf dem Weg nach Wasiri, wo die Jets dreimal kamen und mit fünf Menschen und ca. 50 Pferden und Eseln ein Blutbad anrichteten, oder die Bombardierung von Ghandak, die ich aus ca. 2 km Entfernung beobachten konnte und nach der mir die sechs Toten gezeigt wurden, immer waren die Angriffe reiner Terror, ohne strategische Bedeutung.
Ghandak war vor allem auch mit Napalm bombardiert worden. Es war kurz vor der Erntezeit, und die Mandelbäume, die sonst in dieser Jahreszeit malerisch in den grünen Gärten stehen, bestanden nur noch aus schwarzen Stümpfen. Die verbrannten Balken der Häuser ragten aus den Ruinen, und überall lag der feine Aschenstaub. Ob in Dubandi, Nangahar oder woanders, immer begleitet der Napalmgeruch meine Erinnerung an diese Orte.
Der Dorfälteste von Ghandak erzählte mir, daß Spitzel des KHAD, des afghanischen Geheimdienstes, verraten hätten, Mudschahedin würden hier versorgt und unterstützt werden. Deswegen seien die Helikopter gekommen und hätten alles zerstört. Nach dem Helikopterangriff hätte man das Dorf evakuiert, und nur einige Bewohner seien zurückgeblieben, der Rest in die Berge geflohen, die Jirga habe das so bestimmt. Ich saß mit dem Dorfältesten vor einem Teehaus, unweit des zerstörten Ghandak, und er wandte seinen Blick nicht von den Ruinen seines Dorfes, während er mit mir sprach. Es ging um den Krieg, um das Sterben, das Elend, die Differenzen zwischen den Führern und die Zerstrittenheit des afghanischen Volkes.»Nur in einem Punkt sind wir uns alle einig,« meinte der Alte, «der Krieg wird weitergehen, wie lange, das weiß keiner«. Je länger er dauert, desto mehr schlechte Menschen würde es im Land geben, denn die Guten, Anständigen und Pflichtbewußten, die bereit seien, sich für die Allgemeinheit einzusetzen, würden im Krieg ihr Leben lassen müssen, fuhr er fort. Die anderen aber, die Drückeberger, die nach dem Motto »Kamerad, geh du nach vorne, ich hole Verpflegung« handeln, blieben zum Schluß übrig.

Sicher ein Argument, das während eines Krieges, der schon länger dauert als der Zweite Weltkrieg, seine Berechtigung hat. Einer der wenigen afghanischen, intellektuellen Kommandanten hat mir einmal gesagt: »Seht ihr nicht, daß wir hier eure Freiheit im Westen verteidigen?«

Zwar ist die Verbindung zwischen dem Kampf des afghanischen Volkes um Freiheit und der Freiheit der westlichen Welt nicht für jeden unbedingt einsichtig, doch glaube ich heute, daß der Kommandant recht hat. Man kann in einer Welt, in der die Völker so dicht aufeinander leben und so viel voneinander wissen, die Augen vor einem Krieg wie diesem nicht mehr verschließen. Wir können heute nicht mehr so tun, als ob nur für uns die Menschenrechte gelten müßten, überall, wo Menschen tyrannisiert und mißhandelt werden, dort wird auch unsere eigene Würde und Freiheit verletzt. Wir alle müssen betroffen sein von den Konflikten in dieser Welt und sind verpflichtet, nach politischen Lösungen für diese zu suchen.

Die Mudschahedin im Land besitzen einen bewunderungswürdigen Willen zur Verteidigung, bringen es aber nicht fertig, die einzelnen Aktivitäten ganzheitlich zu koordinieren. Sie haben heute keine Möglichkeit zu einer einheitlichen Außenpolitik und sind ganz auf die Weltöffentlichkeit und ihre Fähigkeit zur Solidarität angewiesen. Wir müssen ihnen helfen, jeder auf seine Weise.

Hindernisse im Widerstand

Was den afghanischen Widerstand am meisten an der Einigung hindert, sind traditionell gewachsene religiöse oder stammesgeschichtliche Feindschaften. So erlebte ich zum Beispiel auf meiner 5. Reise, die mich in den Süden nach Kandahar führte, folgende Begebenheit:
Wir waren auf dem Weg Richtung Ghazni und befanden uns in Begleitung der amerikanischen Gruppe mit Dr. Jut Jenson, dem Krankenpfleger John Morcan, dem Fotografen Peter Schlüter und dem Journalisten Charles Thornton, der später in einen Hinterhalt der Russen geriet und erschossen wurde. Diese Gruppe war meines Wissens das einzige ärztliche Team Amerikas, das sich so weit nach Afghanistan hineinwagte. Bei dieser Reise, anders als bei den vorigen, waren wir fast ausschließlich mit dem Jeep unterwegs. In einem Konvoi von Mudschahedin fuhren wir, unser Auto und das Fahrzeug der Amerikaner, nachts an die Straße Ghazni-Kandahar, ohne daß der Karmalposten, etwa 150 m von uns entfernt, einen Schuß abgab. Ich vermute, daß er froh war, selbst nicht angegriffen worden zu sein, als er den Konvoi vorbeifahren hörte.
Kurz hinter der Straße versagte mitten im Gelände die Kupplung unseres Jeeps, die das ständige Anfahren und Abbremsen auf dem steinigen und hügeligen Boden nicht mehr verkraftet hatte. Die Amerikaner kamen uns zur Hilfe und nahmen uns ins Schlepptau. Nach kurzer Zeit kamen wir in ein Dorf, konnten aber nicht weiterfahren, da plötzlich bewaffnete Männer in den Weg traten und uns anhielten. Die Straße sei gesperrt, sagten sie und gaben keine weitere Auskunft über den Grund der Sperre, so lange wir auch fragten.
Erst nach einiger Zeit erfuhren wir von Dorfbewohnern, was

geschehen war. Ein Streit war ausgebrochen zwischen Hazaras und Paschtunen, zwei Nachbarvölkern, die seit Jahrhunderten recht ungnädig miteinander umgingen.

Bei den Hazara als erklärte Abkömmlinge des Mongolenherrschers Dschingis Khan, dessen Familie ja ab 1220 über 100 Jahre lang Afghanistan beherrschte, verraten die eindeutig mongolischen Gesichtszüge ihre Abstammung, während die Paschtunen zu den Indo-Europäern gehören und oft dunkelblond, manchmal sogar blauäugig sind. Gerade die Paschtunen sind eine sehr selbstbewußte Volksgruppe und haben in der Vergangenheit die Führungsschicht in Afghanistan gestellt. Durch die Durantlinie, die heutige Grenze zu Pakistan, waren 1893 die Paschtu- Stammesgebiete in zwei Teile geteilt worden: in einen Teil, der zu Pakistan kam, die schon genannten North Western Frontier Provinces, und in einen afghanischen Teil. Eine bis heute dauernde, schmerzhafte Teilung.
Die Hazara, zum großen Teil schiitischen Glaubens, zählten dagegen jahrhundertelang zu den ärmsten Bevölkerungsschichten, auch noch unter der Zeit des Schahs. Heute sind sie die geeinteste ethnische Gruppe unter den Widerstandskämpfern und entwickeln so ebenfalls ein großes Selbstbewußtsein.

Doch was war passiert? Ein Paschtune und ein Hazara waren mit dem Auto zusammengestoßen, und da nicht eindeutig zu klären gewesen war, wer der Schuldige war, hatte jeder seine Kalaschnikow, das russische Kampfgewehr, hervorgeholt und den anderen ohne lange zu fackeln über den Haufen geschossen. Beide waren kurz darauf an ihren Verletzungen gestorben. Die Leiche des Paschtunen aber war auf dem Gebiet der Hazaras festgehalten worden, da die Stammesgrenze unweit des Dorfes verläuft. So drohte es zu einem bewaffneten Konflikt zwischen diesen Völkerschaften zu kommen. Obwohl das strikte Gebot besteht, einen Toten binnen 24 Stunden zu beerdigen, weigerten sich die Hazara, den toten Paschtunen herauszugeben, und so wurde die Grenze bis zur Lösung des Konflikts

für jedermann gesperrt. Vier Tage mußten wir dort bleiben, obwohl wir ja mit der ganzen Angelegenheit nichts zu tun hatten, bis zahlreiche Jirgas und langwierige Verhandlungen eine Beilegung des Streits erreichen konnten.
Dieser Vorfall zeigt, wie schnell ernsthafte Auseinandersetzungen zwischen den Widerstandskämpfern verschiedener Stammeszugehörigkeit entstehen können. Spitzeln des KHAD ist es zudem ein leichtes, Zwietracht zu säen und durch Verrat, Bombardierungen und Hinterhalte zu bewirken.
Nachdem die Russen zu Beginn ihrer Besatzungszeit in Afghanistan mit brachialer Gewalt nicht weit gekommen waren, bedienen sie sich heutzutage vermehrt der Intrige. Mit dem Ziel, die afghanische Widerstandsbewegung zu spalten, setzen KHAD-Agenten große Geldsummen ein, um rivalisierende Gruppen zu bestechen und gegeneinander aufzuhetzen. Sie verursachen religiöse Streitigkeiten und setzen Gerüchte über angebliche Privatgeschäfte zwischen verschiedenen Mudschahedingruppen und ausländischen Mächten in Umlauf.
Die Übermacht der Russen hat zwar nach der Besetzung des Landes eine innere Notwendigkeit zum gemeinsamen Widerstand geschaffen, die auch heute jeder spürt und die bisher zu einem für afghanische Verhältnisse ungewöhnlich großen Grad an Solidarität geführt hat, aber es genügt nicht. Es müssen andere Völker diplomatische Hilfe leisten und versuchen, die Einheit der Widerstandsorganisationen zu fördern, um dadurch ein wirksames politisches Gegengewicht im Land selbst zu ermöglichen. Immerhin kontrollieren die Mudschahedin den größten Teil Afghanistans und vertreten damit den eigentlichen Willen des Volkes.

Das Gesicht des Krieges

Eine Offensive möchte ich noch erwähnen, die in der Provinz Helmant auf Masa Qala und Nawzad stattfand, um die Dimensionen aufzuzeigen, die dieser Krieg manchmal annimmt. Etwa 25 km von diesem Gebiet entfernt, in Sangin, wollten wir eine Krankenstation errichten und hatten auch schon über den dortigen Kommandanten mit einem afghanischen Arzt Verbindung aufgenommen. Die Leute, die uns auf der Straße begegneten, erzählten uns von einer großen Offensive, die die Sowjets vor etwa vier Tagen in diesem Gebiet beendet hätten. Der afghanische Arzt, den wir kurz darauf trafen, berichtete genau, was geschehen war.
Die Sowjets waren mit mehr als 100 Panzern und einer großen Zahl von Mannschaftswagen von Lashkargah aus gekommen. Begleitet wurden sie von einer Flotte von Helikoptern, die die Offensive aus der Luft unterstützen sollte. Unglaublich schnell hatte die Streitmacht das Dorf Masa Qala erreicht. Die Mudschahedin, schlecht ausgerüstet und gegen diese Übermacht völlig hilflos, flohen nach kurzem Kampf so schnell wie möglich in die Berge, um den Abzug der Panzer abzuwarten und dann einen Angriff zu wagen. Zurück blieb nur die Zivilbevölkerung. Abgesehen von den Mudschahedin, die bei den Kampfhandlungen fielen, soll es allein im Dorf Masa Qala etwa 50 Tote und 40 Verletzte gegeben haben. Ca. 30 leichte und schwerer Verletzte hatte unser afghanischer Arzt bereits behandelt, als ich in Sangin am Helmantfluß eintraf. Ein Journalist war noch in unserer Gruppe, der gerne mit mir in das Kampfgebiet gefahren wäre. Der Kommandant verbot uns jedoch, dorthin zu gehen, da er meinte, die Helikopter würden immer noch Patrouille fliegen, und außerdem sei das ganze Gebiet vermint.
Haben die Russen einmal mit großem Aufwand einen Landstrich erobert, dann versuchen sie diesen auch nach ihrem

Abzug für die Widerstandskämpfer unbegehbar zu machen. Die Mudschahedin ihrerseits verminen panzergängiges Gelände, um den Russen den Zugang zu ihren Stützpunkten in den Bergen zu verwehren. So ist es in vielen Gebieten Afghanistans nicht ratsam, die sichere Straße zu verlassen.
Auf meiner letzten Reise zum Beispiel waren wir vor Einbruch der Dunkelheit von Bandichak nach Top aufgebrochen und gezwungen, durch ein Minenfeld zu fahren. Der Taxifahrer, der uns, die beiden Fernsehreporter Christian Sterley, Konrad Schultz und mich, nach Baraki brachte, zeigte uns aus dem fahrenden Auto die Sprengkörper links und rechts auf dem Weg. So fuhren wir eine halbe Stunde lang dem gewundenen Feldweg nach, nur darauf bedacht, ja nicht von der Fahrbahn abzukommen, die manchmal kaum zu erkennen war. Diese Anti-Personal-Mines, oft farblich dem Boden angepaßt und kaum zu erkennen, stehen unauffällig in der Landschaft und sind besonders nachts eine tödliche Gefahr. Große Landstriche, vor allem in der Nähe der großen Ringstraße, sind mit diesen etwa 20 cm langen und 15 cm breiten, buchförmig aussehenden Minen verseucht. Die Sowjets haben beispielsweise bei ihrer Offensive auf Barikot Hunderttausende von diesen Todesapparaten ausgelegt.
Nur zu oft geschieht es, daß Menschen von den teilweise gut versteckten und vergrabenen Minen grausam zugerichtet werden. Vom Norden in der Nähe von Samangan bis in den Süden nach Kandahar, immer wieder habe ich Minenverletzte behandelt. Am meisten gefährdet sind die Bauern, die das Gelände bearbeiten und deswegen von der sicheren Straße heruntergehen müssen. Auch die Schafhirten gehören hier zu einer gefährdeten Berufsgruppe. Entfernt sich ein Tier von der Herde, springt der Hirte nur zu oft unbedacht dem Ausreißer nach und verliert so den Fuß, wenn nicht sogar das Leben. Die Minen, je nach Art und Weise, töten jedoch nur selten. Sie reißen Hände oder Füße ab und machen den Mann oder das Kind zum Krüppel und für den späteren Kampf untauglich. Auf meiner

letzten Reise behandelte ich zwei besonders schwere Minenverletzungen:
Wir waren die Nacht über gefahren und befanden uns auf dem Rückweg von Kandahar. Tagsüber warteten wir, in einem Dorf versteckt, auf die schützende Dunkelheit der Nacht. Da brachte man mir zwei Männer. Schon vor sechs Tagen waren sie durch eine Mine, die sie entfernen wollten, schwer verletzt worden. Der eine hatte nahezu beide Hände verloren, nur noch zwei Finger waren an der linken Hand geblieben. Die rechte Hand des anderen war ebenfalls völlig verstümmelt, dazu sein Gesicht ganz schwarz und voller Splitter. Die Mine muß in unmittelbarer Nähe des Mannes explodiert sein. Ein Sanitäter hatte die beiden notdürftig verbunden, aber keine hinreichende Wundversorgung vorgenommen. Als die beiden ankamen, verließen alle anderen den Vorraum, in dem wir uns befanden, so intensiv war der Übelkeit erregende Gestank. Als ich die Verbände entfernte, bewegten sich in den Wunden Hunderte von weißlichen Würmern, die teilweise zur Erde fielen. Diese Maden hatten, so unglaublich das klingt, den beiden das Leben gerettet. Dadurch, daß sie das faule Fleisch, die nekrotischen Gewebe und den Eiter aufgefressen hatten, verhinderten sie eine aufsteigende Infektion, die zum tödlichen Wundbrand hätte führen können. Eine weitere Teilamputation war unbedingt notwendig, und wir organisierten den Transport der beiden Männer nach Quetta, der pakistanischen Stadt hinter der südlichen afghanischen Grenze. Es war die einzige Möglichkeit, den beiden zu helfen, denn für eine Amputation fehlten mir das notwendige Instrumentarium sowie geeignete Narkosemittel.

Einmal wurde ein anderer Mann, ein Bauer aus der Nähe von Bandichak, zu mir gebracht. Eine Mine hatte ihm den Fuß abgerissen. Auch hier war eine weitere Teilamputation notwendig, für die mir aber ebenfalls die notwendigen Mittel fehlten. Ein Team unseres Bonner Afghanistan Komitees mit der Krankenschwester Maria Müller und den beiden Ärzten Dr. Ludger

Bernd und Dr. Frank Paulin mußten einmal sogar mit einer Säge, die sie aus einer zerbombten Schreinerwerkstatt geholt hatten, eine Notamputation vornehmen. Diese schrecklichen Bilder sind auch durch unsere deutschen Medien gegangen. Der Patient hat die grausame, aber notwendige Prozedur sogar gut überstanden.
Ein weiteres Beispiel: Auf meiner 3. Reise in den Norden, in der Nähe von Samangan, brachte mir ein Vater sein sechsjähriges Kind, das durch eine Schmetterlingsmine einen Fuß verloren hatte. Der Fotograf Thomas Bialek, der mich auf dieser Reise begleitete, fotografierte auch viel von diesen Begebenheiten. Der Vater war mit dem Kind schon auf dem Weg nach Pakistan gewesen, um den Jungen in ein Krankenhaus zu bringen. Da hörte er, daß ein deutscher Doktor im Land sei, und kehrte um. Er war sechs Tage unterwegs, bis er zu uns kam. Es war eine richtige Entscheidung, denn das Kind hätte den weiten Weg nach Pakistan nicht überstanden. Hochfiebernd und apathisch lag es in den Armen des Vaters. Das kleine Füßchen, dem vier Zehen fehlten, war bis zum Knie feuerrot und sehr berührungsempfindlich. Durch Ausschneiden der Wunde und Verabreichung eines hochdosierten Antibiotikums konnte ich das Kind retten, sogar einen Teil seines Fußes. Nur die Zehe mußte ich abnehmen. Ich habe während meiner Aufenthalte hier mehrere Kinder behandelt, die von Minen verstümmelt worden waren, und ich glaube, es bedarf keiner großen Phantasie, sich vorzustellen, wie sehr einem das zu Herzen geht.
Wenn man die Minen sieht, wirken sie unscheinbar und harmlos. Gerade auch die kleinen Schmetterlingsminen sind häufig dem Untergrund angepaßt, auf den sie abgeworfen werden. Sie sind flügelförmig und sehen aus wie Spielzeug. Manchmal sah ich in der Nähe der Dörfer Teile solcher kleinen Minen herumliegen. Mittlerweile wissen aber die meisten afghanischen Kinder, wie gefährlich es ist, sie zu berühren, und nur die ganz Mutigen werfen von weitem Steine nach ihnen, um sie zum

Explodieren zu bringen. Die meisten afghanischen Kinder kennen die Kriegssituation, seit sie die Welt bewußt erleben, und nehmen ihre Umwelt spielerisch wahr, was einerseits ihre Situation erträglicher macht, andererseits auch große Gefahren mit sich bringt.
Ein anderes fünf Jahre altes Kind wurde mir in der Nähe von Waziri in Nangahar gebracht. Es war von einer Kuchifamilie, die auch ca. 4 Tage unterwegs gewesen war, um mich zu finden. Dieses Mädchen war beim Spielen auf eine Mine getreten, und nur die große Zehe des rechten Fußes war erhalten geblieben, alles andere war abgerissen und die Mittelfußknochen bloßgelegt. Die Verletzung war unsachgemäß verbunden worden und nach vier Tagen Reise selbstverständlich infiziert. Eine Amputation am Knöchel war unbedingt notwendig, aber angesichts der Infektion auch risikoreich. Da ich mich auf dem Weg nach Peshawar befand, erklärte ich den Eltern, daß es besser wäre, wenn ich das Kind am nächsten Tag mit mir bis zur Grenze nehmen würde, um es dort ins Krankenhaus zu bringen. Die Eltern nickten und versprachen, am nächsten Tag wiederzukommen. Ich wartete den ganzen Vormittag, aber sie kamen nicht.
Es ist häufig so, daß die Patienten erst den Arzt aufsuchen, wenn die Schmerzen unerträglich sind. Kaum geht es ihnen aber etwas besser, ist alles andere wichtiger, und die Behandlung wird nicht fortgesetzt. Manchmal war meine ganze ärztliche Autorität notwendig, um die Patienten zur Weiterbehandlung zu bewegen. In diesem Falle war ich besonders betroffen, da ich nur eine Notbehandlung einleiten konnte. Wenigstens die Mittelfußknochen hätte ich entfernen müssen, denn so war es absolut unmöglich, daß die Wunde noch zuheilte. Ich kann nur hoffen, daß die Eltern das Kind noch bis ins Krankenhaus nach Peshawar gebracht haben; wenn nicht, ist es heute mit Sicherheit nicht mehr am Leben.
Die ganze Grausamkeit, zu der die menschliche Intelligenz fähig ist, spiegelt sich in den Apparaten wider, die der Mensch

erfindet, um seine Artgenossen umzubringen oder zu verstümmeln. Es muß nicht die alles zerstörende Atombombe sein. Auch diese verschiedenen Arten von Minen zeigen die Bösartigkeit des erfindenden Geistes. Alle diese Minen sind höchst intelligent konstruiert: Panzerminen, Tellerminen und andere Arten von Tretminen, Schmetterlingsminen usw., Minen, die wie Spielzeug, Kugelschreiber oder Ähnliches aussehen, habe ich selbst nicht gesehen. Aber viele Augenzeugen haben schon davon berichtet.
Vor einigen Tagen wurde mir erzählt, daß im Gebiet um Kabul Sprengkörper mit Spezialzündungen eingesetzt worden sein sollen, die in einer Seife untergebracht sind und nach bestimmten Drehbewegungen explodieren. Wenn das der Wirklichkeit entspricht, was ich nicht annehmen will, wäre dies eine so ungeheuere Grausamkeit, daß sich jede Diskussion über Genfer Konventionen mit der UdSSR erübrigen würde.

Wie Charles Thornton den Tod fand

Seit noch nicht langer Zeit beginnen die Sowjets, unterstützt durch geheimdienstliche Informationen der KHAD, eine sehr effektive Taktik gegen Mudschahedin zu entwickeln, die sie größtenteils auch von ihnen gelernt haben: den Hinterhalt. Wird den Sowjets durch die ständig patrouillierenden Aufklärungsflugzeuge bekannt, daß ein afghanischer Konvoi unterwegs ist, so werden nun vermehrt Fallschirmtruppen, sogenannte Speznaz, auf der Straße bzw. auf Wegen abgesetzt, die die Mudschahedin für ihren Nachschub benutzen müssen.
Da die Entfernungen zwischen einzelnen Behausungen oder Mudschahedin- Kontrollposten in verschiedenen Provinzen oft mehr als 15 km betragen, können die Speznazgruppen am Abend abgesetzt werden, ohne von den Freiheitskämpfern ausgemacht werden zu können. Die Soldaten verschanzen sich und warten, bis der Konvoi genügend nahe herangekommen

ist. Dann wird das Feuer eröffnet, und die Fahrzeuge werden in Brand geschossen. Kurz darauf landen Helikopter, nehmen ihre Soldaten mit an Bord und bringen sie in Sicherheit.
Auf diese Weise ist auch Charles Thornton getötet worden, was im Oktober 1985 durch die ganze Weltpresse ging.
Er arbeitete für die amerikanische Zeitung ‚Arizona Republik' und war ein älterer Herr mit klugen Augen, einem grauen Schnurrbart und ruhigem, überlegtem Wesen. Er verfaßte medizinische Kolumnen und war in den USA als Medizin-Journalist sehr bekannt. Ich traf ihn auf unserer letzten Reise, die uns in die Provinzen Zabul, Ghazni, Uruzgan, Kandahar und Helmant führte. Horst Walpuski, ein freier Journalist, der für den ‚Stern' eine Reportage über Afghanistan bringen sollte, begleitete mich. Wir hatten die Grenze bei Badini überschritten und waren mit dem Jeep in Richtung Ghazni gefahren.
Etwa eine Tagesreise von der Straße Ghazni-Kabul entfernt trafen wir auf die amerikanische Gruppe mit dem Journalisten Charles Thornton, dem Fotografen Peter Schlueter, Dr.med. Jut Jenson und dem Krankenpfleger John Murcan. Sie waren nach Kandahar unterwegs, um im Gebiet von Chinar eine Krankenstation zu errichten. Ihr Kommandant war Hatschi Habibullah, der mit dem bekannten Führer des afghanischen Widerstandes Mullah Malan zusammenarbeitet.
Die Amerikaner äußerten sich sehr unzufrieden über ihre Führung, mußten sie doch pro Kopf 500 Dollar für diese Reise zahlen, der Arzt und der Krankenpfleger sogar 1000 Dollar, und wurden zudem noch schlecht verpflegt. So war es gut, daß wir sie trafen, da unser Kommandant Hatschi Saifullah, ebenfalls ein bekannter Name im afghanischen Widerstand des Südens, das Verhältnis der Amerikaner zum Kommandanten regeln, und wir sie in unsere Verpflegung übernehmen konnten. Es waren übrigens die einzigen Amerikaner, die ich in Afghanistan getroffen habe. Wir verstanden uns alle gut, und so kam es zu einem lebhaften Gedankenaustausch, bei dem freilich die medizinische Situation und der Krieg im Mittelpunkt standen.

Ganze Abende lang unterhielt ich mich mit Charles Thornton, der ein sehr gebildeter und auch medizinisch bewanderter Mann war. Er war ein wirklich guter Gesprächspartner, mit dem ich alles besprechen konnte. Es war richtig schade, daß sich unsere Wege schon so bald trennten. Ich sehe ihn noch heute vor mir, wie er gemütlich lächelnd vom Wagen winkte. Erst als ich von dieser letzten Reise heimflog, traf ich die Gruppe auf dem Flughafen von Islamabad wieder. Sie erzählten mir, daß Charles Thornton umgekommen sei:
Luftlandetruppen hatten, etwa 15 km nördlich von Argandab in der Nähe von Kandahar, einen Hinterhalt gelegt. Es war ein sowjetischer MI-8 Hubschrauber gekommen, der eine Gruppe von Soldaten abgesetzt hatte. Die Amerikaner fuhren in einem erbeuteten russischen Lkw auf der Straße. Charles Thornton saß relativ hoch auf der Ladefläche, neben ihm etwa 15 Mudschahedin, dann Peter Schlueter und John Murcan.
Der Arzt Jut Jenson war in Chinar geblieben. Das Ziel der Reise war Kandahar.
Es war gegen 22 Uhr. Als sie in einer Kurve waren, begannen die Russen das Feuer zu eröffnen, und schon die ersten Schüsse trafen Charles Thronton. Ein Schuß ging durch den Hals, einer durch die Brust. Peter Schlueter sagte mir, daß er sofort tot gewesen sei. Schlueter und Murcan sprangen sofort vom Wagen, wobei Schlueter die gesamte Fotoausrüstung auf dem Wagen liegenlassen mußte und sich beim Sprung das Knie verletzte. So konnte er nicht weiter als 80 bis 100 m vom Wagen entfernt in Deckung gehen. Obwohl die Mudschahedin nicht zum Gegenangriff übergingen, schossen die Sowjets unaufhörlich weiter. Schließlich fing der Wagen Feuer und brannte vollständig aus. Nach etwa einer Stunde kamen Helikopter und nahmen die Soldaten wieder mit. Fünf Mudschahedin und Charles Thornton waren getötet worden.

Man merkte Peter Schlueter die Bewegung an, als er mir den ganzen Vorfall schilderte, und auch ich selbst war sehr erschüttert. Mir wurde in diesem Augenblick wieder bewußt, wie gefährlich meine Aufenthalte in diesem Land wirklich waren. Hundertmal hätte ich schon auf diese Weise umkommen können. In diesem Augenblick erinnerte ich mich an so viele Gespräche mit Thornton. Wir hatten über seine Frau und seine Kinder gesprochen, seine Zeit als Offizier in Deutschland, wo es ihm sehr gut gefallen hatte, und darüber, daß er vielleicht einen Bericht über unsere Arbeit hier in Afghanistan machen wolle. Wir hatten auch viel über die amerikanische Außenpolitik gesprochen, den Vietnamkrieg und die heutige Situation in Ost und West. Thornton zeigte bei allem, was er sagte, politischen Scharfsinn und gerade in der Beurteilung der politischen Lage in Afghanistan habe ich sehr viel von ihm gelernt.

Wer ist Freund oder Feind in Afghanistan?

Die landeseigene Verteidigung in Afghanistan war schon viele Jahre vor dem Einmarsch das Ziel intensiver Bemühungen der Sowjets gewesen, die genau wußten, daß das Militär einen wichtigen Faktor für die politischen Machtverhältnisse im Nachbarland darstellt. Die Streitkräfte Afghanistans hatten im Sommer 1979 eine Stärke von rund 90.000 Mann, im Heer 80.000 und in der Luftwaffe 10.000. Kein Wunder also, daß die Russen dieses gerüstete und sensible Instrument so gut als möglich zu kennen und zu dirigieren versuchten. Schon 1965 lief die Hälfte des gesamten afghanischen Außenhandels über die Schaltzentren in Moskau. Zahir Schah hatte nicht die Kraft, den Hunderten von Verwaltungsfachleuten, Technikern und Militärberatern aus der Sowjetunion die Tür zu weisen, zumal das Land beim Kreml hoch verschuldet war. Die Russen lieferten nicht nur beinahe sämtliche Waffensysteme für die Armee, sondern hatten in allen wichtigen Positionen ihre Geheimnisträger.
Bereits Anfang der 70er Jahre kam der gesamte Benzinverbrauch der Armee aus Rußland. Nach dem Einmarsch der Sowjets und der Einsetzung der Marionettenregierung Babrak Karmals entstand eine paradoxe Situation. Afghanische Regierungstruppen mußten auf afghanische Freiheitskämpfer schießen. Anfangs liefen die Regierungssoldaten reihenweise zu den Mudschahedin über, und viele weigerten sich, gegen ihre eigenen Landsleute Krieg zu führen. Auch heute gibt es immer wieder Massen-Desertionen.
Es gibt viele Mittel, um mit Angst die Leute gefügig zu machen. Um die Anzahl der Soldaten zu erhalten beziehungsweise zu erhöhen, nehmen die sowjetischen Militärberater Zwangsrekrutierungen vor.

Das sieht in der Praxis so aus: Ein Dorf wird umstellt, die männliche Bevölkerung herausgeholt und auf Lastwagen verladen. Macht einer Probleme, so kann es sein, daß dessen Frau und Kinder vor seinen Augen erschossen werden. Zunächst werden die Männer in der Kaserne gefragt, ob sie freiwillig als Soldaten der Armee dienen wollen. Wer »nein« sagt, sitzt unmittelbar danach im Gefängnis.

Ein Deserteur erzählte mir, daß er fünf Monate inhaftiert gewesen sei, dann sei es ihm zuviel geworden, und er habe sich doch zu den Soldaten gemeldet. Bei der erstbesten Gelegenheit sei er jedoch mit seiner Kalaschnikow zu den Mudschahedin übergelaufen.

Das ist ein sehr gefährliches Unternehmen, nicht daß die Mudschahedin ihren Landsmann von der anderen Seite nicht akzeptieren würden, die größte Gefahr droht dem Dorf des Deserteurs. Zur Abschreckung anderer kampfunwilliger Soldaten und als Bestrafungsmaßnahme wird oft kurz nach der Desertion das Heimatdorf des Betreffenden dem Erdboden gleichgemacht, da es ja anzunehmen ist, daß die Familie den neuen Widerstandskämpfer unterstützt. Das soll auf alle Fälle unterbunden werden.

Ich bin davon überzeugt, daß die Mudschahedin einen hohen Prozentsatz an Sympathisanten unter den Karmalis haben und man sich da und dort abspricht oder hilft, um dem Eindringling aus Rußland eins auszuwischen. Viele der ehemaligen Offiziere der königlichen Armee Afghanistans dienen heute ihrem Land als Kommandanten von großen Gebieten, die die Mudschahedin kontrollieren. Sie wissen, wie man in Kabul arbeitet, welche Leute noch auf ihrem Posten sitzen, wo und wie man an wichtige Nachrichten herankommt.

So kann die afghanische Armee wohl kaum als treue und effektive Unterstützung der sowjetischen Besatzungsmacht gelten. Wirklich wichtige Offensiven an entscheidenden Stellen im Land bestreiten deshalb auch in der Regel die Russen selbst.

Ich glaube, daß die Karmalposten, die fast an allen wichtigen Stellen im Land die Verbindungsstraßen kontrollieren, weder gewillt noch in der Lage sind, die Nachschubwege der Mudschahedin effektiv abzuriegeln. Neben dem schwierigen Gelände im großteils gebirgigen Afghanistan kämpfen die Sowjets nicht nur gegen die beinahe unerschöpfliche Menge der Mudschahedin, - 80 bis 90 Prozent der jungen afghanischen Flüchtlinge in Pakistan würden auf Abruf sofort als Freiheitskämpfer ins Landesinnere gehen -, sondern auch gegen Indiskretion und Unzuverlässigkeit in der verbündeten Armee.
Abgesehen davon ist die ideologische Vorbereitung der jungen Russen, denen man einredet, sie würden gegen amerikanische Terroristen und CIA-Agenten kämpfen, auf die Dauer für junge Leute unserer heutigen Zeit nicht sehr glaubwürdig. Ich bin fünf gefangenen Russen begegnet, hatte aber nicht den Eindruck, daß diese die Geschichten von den überall lauernden Agenten noch glaubten.

Wie ich diesen Krieg sehe

Es wird ja oft gesagt, daß der Krieg in Afghanistan für die Russen ungefähr das sei, was Vietnam für die Amerikaner war. Ich glaube, daß dieser Vergleich jeglicher Grundlage entbehrt.

Zum einen waren die Amerikaner damals von einer legal gewählten Regierung zu Hilfe gerufen worden, was ja in Afghanistan nicht der Fall war. Babrak Karmal, von den Sowjets eingesetzt, nachdem Amin umgebracht worden war, hatte damals von einem Sender in Taschkent auf der Welle Kabul davon gesprochen, daß man die Sowjets gebeten habe, militärische Hilfe zu leisten. Er war also gar nicht am Ort des Geschehens.

Zum anderen kämpften die Amerikaner in Vietnam gegen die gutausgerüsteten Vietkong-Soldaten, also gegen eine richtige Armee, die ja vom übrigen Ostblock durch Waffenlieferungen massiv unterstützt wurde. Die Russen haben es dagegen hier in Afghanistan mit einer nicht einheitlich organisierten und nur schlecht ausgerüsteten Widerstandsbewegung zu tun. Schließlich mußten die Amerikaner auf den Druck der Weltöffentlichkeit hin aus Vietnam abziehen.

Das konnte den Russen bisher nicht passieren, denn es ist ihnen gelungen, diesen Krieg lange Jahre beinahe unter Ausschluß der Öffentlichkeit zu führen. Ein Journalist ist im Landesinneren vollkommen unerwünscht und läuft Gefahr, das Schicksal Charles Thorntons zu teilen. Man läßt keine Ärzte ins Land, dem Internationalen Roten Kreuz ist bis heute der Zutritt verboten, und so gelangen nur spärlich hin und wieder Nachrichten an die Weltöffentlichkeit. Im Vietnam-Krieg konnten sich die Journalisten manchmal mit dem Jeep bis zur Front vorfahren lassen, beobachteten aus sicherer Deckung mit Feldstechern die Kampfhandlungen, fuhren in ihr Hotel

ins Landesinnere zurück und schrieben bei einem Glas kühlen Biers ihre Sensationsberichte. Verständlicherweise kamen so die Leute in- und außerhalb Amerikas zur begründeten Ansicht, daß man sich hier über Gebühr die Finger schmutzig mache. Die Amis mußten raus aus Vietnam.
Der Russe schweigt und lächelt über eine solche Offenherzigkeit. Seit sechs Jahren schon führt er mehr oder weniger hinter vorgehaltener Hand in diesem Land einen grausamen Krieg. Jeder, der damals »Amis raus aus Vietnam« gerufen hatte, wird auch jetzt sagen, daß der Einmarsch der Russen in Afghanistan nicht hinzunehmen sei. Nur auf die Straße würde man eben in diesem Falle nicht mehr gehen.
Wer von den mutigen Journalisten trotzdem etwas berichtet, wie Franz Alt im Deutschen Fernsehen, der die Sowjetunion offiziell aufgefordert hat, ein Fernsehteam einreisen zu lassen, wird von Moskau mit den üblichen Propagandaklischees bedacht, wobei es unvermeidlich ist, daß der ‚böse CIA' bemüht wird. Ärzte, die illegal über die Grenze gehen - sofern es unter dieser Regierung überhaupt eine legale Grenze gibt -, und dann zu Hause von ihren Erlebnissen berichten, laufen Gefahr, ebenfalls als CIA-Agenten deklariert und wie der französische Arzt Phillipe ins Gefängnis geworfen zu werden. Man behauptet sogar, daß auf uns Ärzte ein hohes Kopfgeld ausgesetzt sei.
Vielleicht wurde auch jemand dafür bezahlt, daß er meinen Freund, Dr. Kazim Noori, der als Arzt für unser Bonner Afghanistan Komitee tätig war, verraten hat. Sechs Monate hatte ich mit Kazim zusammen in Nangahar, Samangan und Bhaglan gearbeitet. Als er am 21. Dezember 1985 seine Familie in der Provinz Ghazni für einige Tage besuchen wollte, fand er zusammen mit 18 anderen Zivilisten in einem Hinterhalt den Tod. Nur durch Verrat konnten die Mörder wissen, daß Kazim sich in diesem Fahrzeug aufgehalten hatte.
Man muß sich einmal bewußt machen, daß seit dem Einmarsch der Sowjets in diesem Krieg über 1 Million Afghanen umge-

kommen sind, davon etwa 95% Frauen, Kinder und alte Menschen.

Es ist erschütternd, wie sich zum Beispiel der Krieg gegen die Zivilisten in Kandahar ausgewirkt hat. Hier lebten vor dem Einmarsch offiziell ca. 120.000 Menschen. Heute sind es noch 20.000 bis 30.000. Wenn man nachts durch die zerstörten Straßenzüge dieser Stadt fährt, der Mond auf die Ruinen scheint und die Posten um Kandahar regelmäßig Leuchtraketen hochschießen, dann fährt man durch nahezu menschenleere Gebiete. Eine gespenstische Fahrt.
Die Sowjetunion könnte ohne weiteres alle Städte und Dörfer Afghanistans so menschenleer machen, jede Straße und jeden Paß kontrollieren oder eine großangelegte Umsiedlung der Bevölkerung vornehmen.
Die Deportation von Völkerschaften wurde ja in der Geschichte nur allzuoft erfolgreich eingesetzt, um einen Widerstand zu brechen.
Daß dieser Krieg so ganz anders geführt wird, gehört mit zur russischen Strategie, die schon in der Zarenzeit erfolgreich praktiziert wurde. Mütterchen Rußland hat Geduld. So unendlich groß wie die Steppen dieses Landes sind, so groß ist auch das Zeitmaß, das zur Verfügung steht. So hart und unaufhörlich wie der sibirische Winter, so unnachgiebig werden auch die politischen Ziele verfolgt. Es kostet viel weniger Geld und Waffen, ein Land Schritt für Schritt so umzugestalten, daß es in den roten Völkerbund paßt. Es kostet nur mehr Zeit, aber an der fehlt es nicht. Bei alledem ist jedoch nur eines geboten, sich so wenig wie möglich in die Karten schauen zu lassen. Ohne Informationen aber kann der Druck der Weltöffentlichkeit nicht genügend groß werden, um eine politische Lösung zu erzwingen.

Vorbildliche Franzosen

Die ersten und zunächst auch einzigen, die medizinische Hilfe in Afghanistan leisteten, waren die Franzosen.
Schon 1980 gingen französische Ärzte in die besetzten Gebiete und leisteten der Bevölkerung Erste Hilfe. Bereits lange Zeit hatten sie intensive Kontakte zur afghanischen Medizin. Sie stellten Professoren an der medizinischen Universität in Kabul und kannten dadurch viele der praktizierenden Ärzte in Stadt und Land. Sie wußten, wo die Hilfe am nötigsten war, und waren dadurch die eigentlichen medizinischen Pioniere in diesem Land.
Die Franzosen nahmen auch schon während der hektischen Zeit nach dem Einmarsch der Russen die Gefahr auf sich, an wichtigen Stellen Ambulanzen aufzubauen. Sie stellen auch bis heute die stärkste nichtafghanische Ärztegruppe dar.
Drei Organisationen sind besonders aktiv, ‚Médecins Sans Frontières', ‚Aide médicale Internationale' und ‚Médecins du Monde'. Um die Hilfe für Afghanistan zu aktivieren und zu organisieren, wurde 1983 eine europäische Koordinationsstelle angestrebt und unter dem tatkräftigen Einsatz der französischen Hilfsorganisationen auch verwirklicht. Das ‚European Coordination Committee for Aid to Afghanistan' bzw. die ‚Coordination Humanitaire Europeén pour Afghanistan'. Diesem Komitee gehören jetzt achtzehn Hilfsorganisationen aus ganz Europa an. Jedoch ist die Zahl derer, die medizinische Hilfe im Land selbst leisten, klein und bei weitem nicht ausreichend.
Außer den drei französischen Organisationen, die alle zusammen etwa 45 Ärzte und Krankenschwestern das Jahr über in Afghanistan im Einsatz haben, ist es das ‚Swedish Committee', das im Jahre 1984 44 afghanische Ärzte unter Vertrag nahm. Das Bonner Afghanistan Komitee hatte bis Ende 1985 sechs

Stationen gebaut. Die dort tätigen Ärzte und Krankenschwestern waren, wie schon erwähnt, Dr. Ludger Bernd, Dr. Frank Paulin und die Krankenschwester Maria Müller sowie neben mir acht afghanische Ärzte und mehr als zwanzig afghanische Krankenpfleger. Unsere Krankenstationen liegen im Einzugsgebiet von sechs verschiedenen Provinzen, in Nangahar, Paktia, Samangan, Kunar, Bhaglan und Helmant. In diesen Provinzen leben ca. 1,5 Millionen Menschen.

Ich bin 1985 zweimal in Afghanistan gewesen. Vom 10. März bis zum 29. Juli und dann wieder vom 17. August bis zum 12. Oktober. Auf der ersten Reise in diesem Jahr habe ich die Gelegenheit genutzt, ein französisches Team aufzusuchen, dessen Hospital etwa 60 km von Barfak entfernt liegt. Der Name des Ortes ist Kahmart, und das Team gehörte zu ‚Aide médicale Internationale'.

Am 30. Mai fuhren Dr. Kazim und ich auf dem Lkw des Kommandanten dorthin. Dr. Kazim hatte ja mittlerweile im Auftrag unseres Komitees die Stationen Barfak und Tala übernommen. Der französische Arzt und die Krankenschwester empfingen uns am Eingang des festgemauerten und schönen Krankenhauses, das recht einsam, aber dafür bombensicher in einer Schlucht liegt. Dr. Christian Schnepp, ein etwa 27 Jahre alter, dunkelblonder Elsässer, begrüßte uns und machte uns mit der Krankenschwester Arnik Pellenel bekannt, deren Anblick ich als regelrechte Wohltat empfand.

Man begegnet nur wenig unverschleierten Frauen in Afghanistan und ist um so mehr überrascht, wenn man plötzlich einer jungen, hübschen Europäerin gegenübersteht. Etwa 23 Jahre jung, 1,65 m groß, blond und blauäugig, begrüßte sie uns charmant. Die beiden gelten hier als Ehepaar, um Komplikationen aus dem Weg zu gehen. Sie führten uns gleich durch das Gebäude, das drei schöne Räume hat, die wesentlich größer waren als die unseres Krankenhauses in Barfak. Die Toilette war etwa 50 m vom Haus entfernt in einem kleinen Gebäude

eingerichtet, und im Krankenhaus war sogar der Luxus eines Duschraums vorhanden.
»So schön hätte ich mein Krankenhaus in Doab auch herrichten können«, dachte ich bei mir, als wir uns nach der Besichtigung im Behandlungszimmer zum Teetrinken niederließen. Da wir alle ja dieselben Probleme hatten, waren wir sehr schnell in ein angeregtes Gespräch vertieft.
Die Franzosen hatten hier in besonderem Maße dagegen zu kämpfen, am Ende nur noch Privatärzte für die Familien ihres Kommandanten zu sein. Alle Ärzte hier, die ja auf den Schutz und das Organisationstalent des jeweiligen Kommandanten angewiesen sind, laufen Gefahr, in diese unangenehme und uneffektive Situation zu geraten.
Das Krankenhaus stand zwar hier recht bombensicher, aber bis zum nächsten Dorf waren zwei Stunden Fußmarsch zu bewältigen. Es verwunderte also nicht, daß die Zahl der Kranken nur gering war.
»Das Ganze hier ist ja als Erkundungsstation gedacht«, sagte Dr. Schnepp, «aber es ist zweifelhaft, ob wir angesichts dieser Situation hierbleiben können«. Ich versuchte, die beiden zur Weiterarbeit zu überreden und stellte ihnen eine fruchtbare Zusammenarbeit mit unseren Stationen in Barfak in Aussicht. Ihr Verhältnis zum Kommandanten müßten sie jedoch neu und energisch regeln, wobei sie auf die Hilfe unseres Kommandanten rechnen könnten.
Die einzelnen Organisationen haben ja bei ihren Hilfeleistungen in Afghanistan verschiedene Arbeitsweisen. So haben die Franzosen zum Beispiel nur europäische Ärzte, was den Vorteil hat, daß keine Sprachprobleme auftreten, somit eine leichte Kontrolle und gute Zusammenarbeit möglich ist. Die Fortsetzung dieser Arbeit hängt dann ganz von den mittlerweile ausgebildeten Dispensern ab. Die Schweden dagegen arbeiten selbst nicht im Land, bezahlen aber afghanische Ärzte und versorgen diese mit Medikamenten. Bei dieser Methode gibt es zwar keine politischen Komplikationen, aber der Verbleib der Medika-

mente und die Qualität der Behandlung ist sehr schwer kontrollierbar. Wir, im Bonner Afghanistan Komitee, arbeiten im gemischten Team mit afghanischen und deutschen Ärzten zusammen. Mit der Zeit sollen die afghanischen Ärzte unsere Kliniken in Eigenverantwortung übernehmen, wobei großer Augenmerk auf die Ausbildung von Krankenpflegern und die Weiterbildung der Ärzte gelegt wird.
Durch die Zusammenarbeit in der ‚Coordination Européen' wird unsere medizinische Arbeit mit den Franzosen und Schweden besser koordiniert. Dr. Schnepp und Arnik Pellenel arbeiteten also nur vormittags in der Dispensary und nutzten den ganzen Nachmittag zur Ausbildung der Hilfskräfte. Außerdem nahmen sie ein geringes Entgelt für ihre Behandlung, zwischen 10 und 20 Afghanis, etwa 25 bis 50 Pfennige, um ihre Lebensmittel und Unterhaltskosten bezahlen zu können. Das war aber nur in diesem Fall durch die besondere Situation mit ihrem Kommandanten notwendig geworden. Die AMI arbeitet sonst vollkommen unentgeltlich auch ohne Gehalt. Im Gegensatz zu den ‚Médecins Sans Frontières', die, wie wir selbst, etwa 1400 DM für die Mediziner und etwa 1000 DM für Krankenschwestern bereitstellten.
Bis zum Sonnenuntergang saßen wir dort im Behandlungszimmer und redeten uns die Köpfe heiß. Es war ein sehr wichtiger Besuch, bei dem wir viel voneinander gelernt haben. Die beiden Franzosen besuchten mich auch dann in Barfak, und es besteht heute ein sehr gutes Verhältnis zwischen unseren Krankenhäusern.

Reiseberichte

Protokolle, die ich während meiner Reisen als Tätigkeitsberichte für das Bonner Afghanistan Komitee verfaßt habe:

Reisebericht vom 12. 5. bis 29. 6. 1985 nach Baghlan, Samangan:

Am 12. 5. 1985 bin ich zusammen mit dem Kommandanten Bas Mohammed, von Harakat aus, gegen 6.50 Uhr in einem Omnibus nach Terimangal gefahren. Der Generator und die Medikamente wurden von Dr. Kazim in einem anderen Fahrzeug nach Terimangal gebracht. Am 14. 5. um 17.30 Uhr konnten wir endlich Terimangal in Richtung Baghlan verlassen.
Der Generator sollte auf dem Rücken eines Mulis transportiert werden, was sich aber leider als unmöglich erwies. Dr. Kazim, der für den Transport des Generators verantwortlich war, berichtete mir, daß der Transport mit drei Mulis versucht worden war, aber leider konnte keiner der Mulis den Generatorkörper auf längere Zeit schleppen, so daß wir ihn in Terimangal zurücklassen mußten. Er soll auf einem Kamel in der nächsten Zeit nach Barfak gebracht werden. Die Nachricht über die Nichtmitführung des Apparates erreichte mich erst in Joji, weil ich mit dem ersten Trupp der 450 Mudschahedin von Kommandant Bas vorausgegangen war.
Die Mudschahedin sind bis an die Zähne bewaffnet. Bis Chilim-Yoy verläuft alles planmäßig, und obwohl wir seit Tagen von Aufklärungsflugzeugen der Sowjets überwacht werden, erfolgen keine Angriffe. Bei Baraki gehen wir etwa drei Kilometer mit dem Troß am Karmalposten vorbei, ohne belangt zu werden. Den kleineren Brückenposten passieren wir (Brückenposten an der Straße Kabul/Kandahar) in einer Entfernung von

weniger als 500 m, ohne daß ein Schuß fällt. In Chilim-Yoy werden wir auf Lastwagen verladen. Obwohl wir durch die sowjetische Luftaufklärung ständig überwacht werden, läuft alles sehr, sehr langsam. Ich bedränge den Kommandanten aufzubrechen, aber Organisation ist nun mal nicht die Stärke eines jeden Afghanen, und so dauert es beinahe zwei Stunden, bis wir endlich abfahren können. Höchste Zeit, denn knapp nach unserem Abmarsch setzt die Bombardierung von Chilim-Yoy ein. Gott sei Dank, daß die Sowjets keine Amerikaner sind und eine sehr lange Leitung von der Aufklärung über die Auswertung bis zum Einsatz der Jagdbomber haben.
Am 23. 5. kommen wir in Barfak an. Auf dem Weg dorthin begegneten uns immer wieder Flüchtlinge, schätzungsweise mehr als 1000 pro Tag. Manchmal ist die Bevölkerung eines ganzen Dorfes unterwegs.
Grund: Bombardierung. Doch diese Flüchtlinge kommen jetzt aus Kunduz, Baghlan und Mazari-i-Sharif, also aus den Gebieten, in denen nicht mehr Paschtu, sondern Farsi gesprochen wird. Die Rechnung der Sowjets scheint aufzugehen: dem Fisch wird langsam das Wasser entzogen.
Vom 24. 5. - 30. 5. 1985 behandelten wir in unserer Station Tala 147 Patienten, in der Station Barfak 275 Patienten. Die während der Reise behandelten Kranken konnten wir leider nicht registrieren. Es waren aber schätzungsweise 45 Menschen, hauptsächlich Flüchtlinge, teils mit Koliken und Magenbeschwerden, teils mit Schmerzen und Wunden. Von den Mudschahedin mußten wir hauptsächlich Fußkranke behandeln, aber auch zwei Fälle mit Malaria und einen mit Scharlach.
In Baghlan angekommen, nahmen wir sofort die Behandlung auf. Die Klinik wurde während meiner Abwesenheit durch unsere Dispenser weitergeführt, und auch der Medikamentenfluß kam, bis auf einige Dinge, die fehlten, wie zum Beispiel Digitalis und Madopar sowie Tranquilizer, nicht ins Stocken. Trotz der relativ schlechten Bezahlung durch den Kommandanten haben die beiden Dispenser hier eine gute Arbeit geleistet.

Ihre Entlohnung wird jetzt anders organisiert und durch uns direkt erfolgen. Dr. Kazim ist jetzt dafür verantwortlich.
Im Markas, so heißt das Zentrum, von dem aus das Kommando über ein Gebiet geführt wird, das etwa eine Dreiviertelstunde vom Dorf entfernt liegt, hat Kommandant Bas ein neues Krankenhaus errichtet. Es ist als Ausweichquartier gedacht, bombensicher und besteht aus vier Räumen, der Ambulanz, dem Bettenraum für Kranke, Arztraum und Labor bzw. zwei Ärzteräumen, falls europäische Ärztinnen kommen sollten.
Wasser ist vor der Tür, ein Fluß mit besten Forellen, Toiletten müssen noch errichtet werden.
Ein Generator könnte den ganzen Markas mit Strom versorgen.
Der Bus, der von uns bezahlt worden ist, ist zwar da, aber er hat eine Panne. Ein Radlager scheint nicht in Ordnung zu sein, und so können wir ihn während des gesamten Aufenthaltes in Barfak nicht benutzen.
Die Verpflegung ist, außer wenn wir zum Fischen gehen, sehr schlecht. Der beste Fischer ist Staruschek oder Gadai-Sha. Sie bringen es fertig, in zwei Stunden 30 Forellen aus dem Fluß herauszuholen. Die mangelhafte Verpflegung liegt daran, daß die Frauen das Dorf verlassen und sich in den Bergen etabliert haben, weil sie befürchten, daß Barfak bombardiert werden könnte. In Tala dagegen ist die Verpflegung sehr gut. Auch ist hier das Verhältnis zwischen Mudschahedin und dem medizinischen Personal besser.
Das Krankenhaus liegt im Zentrum, also im Markas. Zwei Behandlungsräume sind da, die Medikamente werden im Markas gelagert. Hier schlafen wir auch mit den Mudschahedin in einem Raum oder draußen auf dem Dach. Der Fluß mit Forellen ist in unmittelbarer Nähe des Markas. Das Ganze liegt etwa 15 Minuten vom Dorf entfernt, ist aber leider nicht so bombensicher wie in Barfak. *(Zur Zeit dieser Reise hatten wir das Krankenhaus von Barfak schon in die Berge verlegt.)*

Reise nach Samangan vom 30. 5. - 12. 6. 85

In der Nacht vom 30. 5. zum 1. 6. starten wir auf einem Lkw des Kommandanten Mullah Sui, einem Unterführer von Maulebi Kajum, nach Khamard. Sufi soll mit den Pferden morgen nachkommen.
In Khamard wollen wir das französische Team der ‚Aide Mèdicale Internationale' besuchen und von dort weiter nach Samangan gehen. Gegen 3 Uhr früh erreichen wir in der Nähe des Hospitals der Franzosen eine Herberge, in der wir übernachten. Am nächsten Morgen brechen wir zu dem französischen Hospital auf und besuchen die Krankenschwester Arnic Pellenel und den Arzt Dr. Christian Schnepp.
Am 2. 6. brechen wir dann weiter nach Samangan auf. Dort behandeln wir ca.347 Fälle. Die Behandlung erfolgt teils unterwegs, teils in den Dörfern, die uns von dem Kommandanten zugewiesen worden sind. In den Dörfern behandeln wir in speziellen, größtenteils für uns eingerichteten Räumen. Zunächst besuchen wir Maulibi Islam. Der Markas des Kommandanten Maulibi Mohammed Islam ist etwa drei bis vier Tagesreisen von Barfak entfernt. Es gibt zwei Wege, die dorthin führen (...). Das Gebiet des von mir besuchten Kommandanten liegt in einer Höhe zwischen 2000 und 3000 m. Die Vegetation ist vor allem in den höheren Regionen spärlich (Ackerbau wird bis etwa 3000 m betrieben), in den Tälern dagegen sehr üppig. Gepflanzt werden Kartoffeln, Weizen und Hafer. Außerdem wird Viehwirtschaft betrieben.
Über Samangan geht die alte Seidenstraße, die wir zumindest über weite Strecken genutzt haben. Es gibt hier sehr tiefe Schluchten, die zum Teil einige hundert Meter tief sind. In ihnen könnten sich ohne Schwierigkeiten Tausende von Menschen verstecken. Diese Schluchten sind im allgemeinen bombensicher, werden aber nicht genutzt.
Nach Angaben des Kommandanten Maulibi Islam leben in der von ihm beherrschten Region über 200000 Menschen, und er sei

der Herrscher über 16.000 Mudschahedin. Er möchte gerne daß wir ihm ein richtiges Hospital einrichten. Es sollte nach seiner Ansicht im Markas sein.
Doch das ist nicht möglich. Obwohl der Kommandant viele andere Unterkünfte für seinen Markas und seine Leute finden könnte, hat er für sein Zentrum eine ungünstige Lage gewählt. Es liegt umgeben von drei kleineren Hügeln aus Kalkstein in einem Tal, in dem es kein Wasser gibt.
Die Bombardierung dieses Gebietes wäre leicht, aber der Kommandant meint, davor sicher zu sein, da er Stollen bis zu einer Tiefe von 20 m in den Berg geschlagen hat. Ich erzähle ihm, daß die Sowjets in der letzten Zeit in ähnlichen Gebieten zuerst Napalmbomben und anschließend Splitterbomben werfen. Wer nicht durch die Napalmbomben verbrannt oder geröstet worden ist, den vernichten später die Splitterbomben.
Doch die Zuversicht meines Kommandanten ist so groß, daß ich ihn nicht überzeugen kann. Selbst als ich ihm zeige, daß die sowjetische Aufklärung immer über uns ist, läßt er sich nicht umstimmen.
Auf die Frage, ob man hier auch Brunnen anlegen könne, bekomme ich zur Antwort, daß das Grundwasser etwa 60 m tief liegt. Ich versuche dem Kommandanten zu erklären, daß schon allein aus diesem Grund die Errichtung eines Hospitals hier nicht möglich sei, denn ohne Wasser ist ein Krankenhaus nicht arbeitsfähig. Noch dazu hatte er die Vorstellung, eine Klinik mit über hundert Betten zu bauen.
Abgesehen davon lehne ich eine Verquickung von militärischen und humanitären Einrichtungen ab. Wenn überhaupt, und das müßte sich in den nächsten Monaten entscheiden, würden wir ein Hospital etwa 500 oder 600 m weit vom Markas entfernt bauen. Das würde aber gewisse Komplikationen mit dem Generator bringen, der ja die Elektrizität gleichzeitig für Hospital und Markas liefern müßte.
Auf dem Rückweg besuchen wir in Sokkalar den Kommandanten Vakil Nur Mohammed und seine Familie. Auch in seinem

Gebiet wollen wir ein Krankenhaus errichten. Dispenser sind, wie auch bei Kommander Maulibi Mohammed Islam, vorhanden.
Vakil Nur Mohammed ist ein älterer Herr, an die 70 Jahre. Er war vor dem Einmarsch der Sowjets Parlamentsabgeordneter, zuständig für die Provinz Samangan, und ist eine sehr geachtete Persönlichkeit. Er hat den größten Teil seiner Macht an den Kommandanten Mohammed Islam verloren, obwohl sein Markas günstiger als der von Mohammed Islam liegt, da von seinem Tal aus viele Wege und Schluchten in die Berge führen. Nach Angaben von Vakil Nur Mohammed leben etwa hunderttausend Menschen in der unmittelbaren Umgebung von Sokkalar und sind unter seiner Kontrolle.
Am 12. 6. 85 erreichen wir wieder Barfak, wo ich mich schon nach einigen Tagen wieder auf die Rückreise vorbereite. Dr. Kazim wird zurückbleiben und die beiden Stationen hier in Samangan und Baghlan ausbauen. Die Rückreise geht über Wardak, wo ich Amin Wardak besuche und auch die beiden deutschen Journalisten Christian Sterly und Konrad Scholz treffe, die anschließend einen Film über meine Tätigkeit und die Rückreise drehen.
Der Abschied in Barfak ist herzlich. Es gibt kaum jemanden, den ich nicht umarmen muß, und ich bemerke die fragenden Blicke des Kommandanten: »Wann werden wir uns wiedersehen?«
Alle Schwierigkeiten und Differenzen sind in diesem Augenblick wie weggewischt, und für alle ist der Abschied ein wenig traurig. Wir sind in dieser Zeit hier Freunde geworden. Wir fahren mit einem Lastwagen weiter bis nach Doab. Hier werden wir ganz einfach abgesetzt.
Angeblich hat der Wagen kein Öl mehr, wahrscheinlicher aber ist, daß dem Fahrer die Lust vergangen ist. So müssen wir eine andere Fahrgelegenheit suchen, für die wir ca. dreitausend Rupien bezahlen.
In Schaschpul treffen wir auf Ingenieur Haschimi. Er ist, meiner

Ansicht nach, einer der besten Kommandanten im gesamten Jihad (Heiliger Krieg), wird aber von den anderen geschnitten, da er schiitischen Glaubens und Intellektueller ist. Leider ist seine Truppe, obwohl sie die bestausgebildete ist, die im gesamten nördlichen Bereich existiert, nur 70 Mann stark. Diese aber haben schon zahlreiche Erfolge verzeichnen können.

Reisebericht vom 17. 8. 1985 bis zum 12. 10. 1985

Diese Reise ging durch die Provinzen Zabul, Ghazni, Uruzgan, Kandahar und Helmant.
Bei der Einreise nach Pakistan am Flughafen von Islamabad bekam ich zunächst wegen des von mir mitgeführten Boschhammers Schwierigkeiten mit dem pakistanischen Zoll. Nach langer Diskussion und Verhandlung mit dem Flughafenzolldirektor in Islamabad ließ man mich auf Grund meines Visums passieren. Er wollte Auskünfte über mich einholen, was aber wegen der Zeit (3 Uhr morgens) schlecht möglich war.
Die Weiterfahrt nach Peshawar erfolgte dann in einem Taxi. Hier besuchte ich viele Bekannte, mit denen ich dann die Weiterbildung unserer afghanischen Ärzte diskutierte. Es wurde eine Art von ‚Post Graduate Study' geplant, da die medizinischen Examina an den Universitäten in Kabul oder Jalalabad für die meisten der Ärzte, bedingt durch die Flucht, lange zurückliegen. Ich verhandelte weiter mit dem Vorsitzenden der SAD (Society of Afghan doctors) sowie mit führenden Persönlichkeiten der Widerstandskämpfer.
Ein Besuch in der Deutschen Botschaft in Islamabad folgte. Unser Verhältnis zum Botschafter und zum Botschaftspersonal ist freundschaftlich und gut, auch wenn wir wissen, daß ihre Unterstützungsmöglichkeiten gleich Null sind.
Am 22. 8. brechen wir nach Quetta auf. Doch wir haben gleich eine Panne. Wir verpassen das Flugzeug und müssen am nächsten Tag von Islamabad über Lore zum Zielort fliegen.

Am Abend treffen wir den Kommandanten Hatschi Saifullah, der mit mir nach Uruzgan gehen will. In Quetta diskutieren wir mit Kommandanten der verschiedensten Richtungen sowie auch mit den Vertretern von einzelnen Parteien. Wir wollen unter anderem Kommandant Amidagah im Gebiet von Kandahar und Helmant besuchen. Außerdem treffen wir auf Hatschi Latif, einen der bedeutendsten alten Kommandanten in Kandahar und der gesamten südlichen Region.
Wir müssen in Quetta länger bleiben, als es uns zunächst notwendig erscheint, da unser Kommandant durch die Festtage verhindert ist. In dieser Zeit arbeiten die pakistanischen Behörden nicht. Doch es ist andererseits gut, daß wir nicht schon vor den Feiertagen reisen können, denn am 27. dieses Monats, also im Laufe der Feiertage, kommt unser Fotograf Horst Walpuski, der mich begleiten soll. Am 28. August treffen wir auf ein englisches Fernsehteam von BBC und die Journalisten David Bown Jones und Collin Candligh, die ein Fernsehinterview mit mir im Hotel machen wollen.
Wir bereiten unser neugekauftes Fahrzeug und den Jeep vor, den wir, Horst Walpuski und ich, fahren. Der letzte Teil unseres Aufenthaltes in Quetta besteht nur noch aus Warten.
Am Abend des 3. 9. ist es dann endlich soweit. Als es dunkel wird, merken wir, daß unser linker Scheinwerfer ausgefallen ist. Wir versuchen, die Beleuchtung zu reparieren, aber ohne Erfolg. So beginnen wir unsere Reise gleich mit einem ersten Defekt. Über Pischin fahren wir nach Badini. Von Badini geht es über die Grenze Richtung Zabul.
Zunächst kommen wir durch eine steppenartige, wüstenähnlich gebirgige Gegend. Unser erster Aufenthalt ist in Daracht-Jajal. Hier muß Hatschi seinen Wagen, der einen Federriß an der Radaufhängung hat, bereits reparieren. Glücklicherweise sind die Afghanen Meister im Improvisieren, gerade wenn es um technische Probleme geht.
Weiter geht es nach Lusanawar, Karie, Sadar in die Provinz Ghazni. Wir fahren in der Nacht.

Nach dem Verlassen einer engen Schlucht kommen wir durch ein ausgetrocknetes Flußbett. Keine Menschenseele weit und breit. Eine gespenstische Landschaft, in der nur von Zeit zu Zeit die Ruinen zerstörter Dörfer auftauchen. Wir erreichen die Provinz Ghazni.
Hier treffen wir auf ein amerikanisches Team mit dem Journalisten Charles Thornton und dem Fotografen Peter Schlueter, die beide für den ‚Arizona Republic' arbeiteten. Sie werden begleitet von dem Arzt Dr. Jenson und dem Krankenpfleger John Morcan und befinden sich auf dem Weg nach Kandahar. Die beiden wollen bis November in Chinar, im Bezirk Kandahar, bleiben.
Als wir in die Nähe der Straße Ghazni-Kandahar kommen, wird uns gesagt, daß diese wegen eines sowjetischen Hinterhalts nur mit Lebensgefahr zu passieren sei. So schicken wir einen Stoßtrupp vor. Ich erkläre mich bereit, diesen zu leiten, und fahre mit meinem Jeep bis kurz vor die Straße, etwa zweihundert Meter an einem Karmalposten vorbei.
Hier stellt sich heraus, daß keine Gefahr besteht, und so fahren wir wieder zurück. Trotzdem setzen wir die Reise erst am Abend des nächsten Tages fort. In der Nacht überqueren wir die Straße im Schneckentempo. Als wir endlich auf der anderen Seite ankommen, versagt die Kupplung unseres Jeeps. Das kann hier eine tödliche Panne bedeuten, da diese wichtige Verbindungsstraße ab und zu auch in der Nacht kontrolliert wird. Die amerikanische Gruppe hilft sofort und schleppt den Wagen bis in das nächste sichere Dorf.
Um 5 Uhr früh kommen wir dort an. In Schinki müssen wir einige Tage zubringen, da es zu einem Streit zwischen Hazaras und Paschtunen gekommen ist. Ein Paschtune und ein Hazara hatten sich wegen eines Autounfalles gegenseitig erschossen. Erst nach der großen Jirga können wir weiter.
Wir setzen uns in Begleitung eines Mudschahedin und des Mechanikers Patscha in Bewegung, da wir nicht auf unseren Kommandanten warten wollen. Von Anguri geht es nach Sangi-

Moscha. Doch bevor wir dort haltmachen, kehren wir in dem französischen Hospital ein, das etwa drei Jahre zuvor von den Franzosen in Jaghori gebaut worden ist und seit einem Jahr nicht mehr mit Ärzten besetzt ist. Vier Dispenser sind hier tätig. Alle sprechen recht ordentlich Englisch und sind sehr gut ausgebildet. Obwohl die Franzosen das Krankenhaus verlassen haben, wird hier hervorragend weitergearbeitet. Die Dispenser klagen nur, daß sie keine Medikamente mehr haben und keinerlei Unterstützung mehr aus Frankreich bekommen. Ich erläre ihnen, daß wir die Angelegenheit mit der MSF (Médecins Sans Frontières) abklären werden und sich in nächster Zeit entscheiden wird, ob die Franzosen oder wir ihnen weiterhelfen können.
Es ist das besteingerichtete Hospital, das ich hier in Afghanistan gesehen habe. Am nächsten Morgen fahren wir weiter und setzen unsere Reise über das Dorf Urzugan fort, wo wir einen Arzt besuchen, der hier seine Praxis hat. Er arbeitet auf private Rechnung und ist recht gut eingerichtet. Sein Name ist Shakar. Danach geht es weiter in Richtung Chinarto Mirabad, in die Nähe von Terinkot, wo der Stammplatz von Hatschi Saifullah, unserem Kommandanten, ist. Dieser kommt erst einen Tag später mit seinen Mudschahedin in Terinkot an.
Der Mudschahedinposten von Hatschi Saifullah ist nur drei Kilometer vom großen Bezirksposten der Provinz Uruzgan in Terinkot entfernt, der einen großen Helikopterflugplatz der Sowjets besitzt. Der sowjetische Stützpunkt besteht aus mindestens zwanzig Steinhäusern. Es sind Panzer und andere gepanzerte Fahrzeuge vorhanden. Die Lager der beiden Kontrahenten trennt nur ein kleiner Fluß. Die Mudschahedin und die Karmalposten geben sich hier fast täglich leichte Scharmützel. Während unseres Aufenthaltes in der Nähe von Terinkot besuchen wir verschiedene Dörfer und einen anderen Arzt, Dr. Karim, den wir für uns zu gewinnen versuchen.
Wir halten uns hier zehn Tage auf und können etwa 90 Patienten behandeln. Der Hauptgrund für diese geringe Zahl ist die

Tatsache, daß sich die Zusammenarbeit mit dem afghanischen Arzt, der uns begleitet, als nicht besonders effektiv erweist. Außerdem ist es so, daß in den Zentren, wo sich die Mudschahedin aufhalten, recht wenig Zivilisten sind. Wir versuchen, Plätze zu finden, an denen wir vielleicht Krankenhäuser aufbauen könnten. Es gäbe einen geeigneten Platz für ein Hospital in den Bergen von (...).
Wir verlassen Terinkot in der Nacht, denn am Tage ist die Straße von den Sowjets einsehbar. Begleitet werden wir von Habibullah, dem Bruder unseres Kommandanten, und drei Mudschahedin.
Wir fahren in Richtung Kandahar. Als wir von Norden in die Nähe von Kandahar kommen, wird die Gegend immer wüstenartiger. Etwa 50 bis 60 Kilometer nördlich von Kandahar verlassen wir die Berge und kommen jetzt in ein Hügelgelände, das weder Wald- noch Strauchwuchs hat.
In Argandab ‚übernachten' wir den nächsten Tag im Garten der ehemaligen Residenz von Daud-Khan.
Der ganze Besitz ist zerstört. Selbst das schöne Schwimmbekken, das vom Flußwasser des Argandab-Flusses durch ein Kanalsystem gespeist worden ist, ist nur knöcheltief mit Wasser gefüllt. Die Mauern haben große Löcher. Ein Bild des Jammers zeigt diese einstmals schöne Anlage.
Ohne Licht fahren wir in der Nacht vier Stunden lang durch die Wüste und Teile von Kandahar, die vollkommen menschenleer sind. An der Straße nach Herat kommen wir zwischen zwei Posten hindurch. Während der ganzen Zeit sind Gefechte zwischen den Mudschahedin und den Karmalis in Gang.
Kommandant Toran, der hier seinen Markas hat, diskutiert am nächsten Tag mit uns über unsere weiteren Pläne für ein Krankenhaus, nachdem wir einige Patienten behandelt haben.
In der Nacht geht es dann wieder zurück, zwischen den Posten hindurch, in Richtung Helmant. Doch schon nach kurzer Zeit müssen wir anhalten, da Helikopter zu hören sind. Wir erfahren, daß sie Truppen abgesetzt haben. Erst nachdem die Heli-

kopter wieder verschwunden sind, können wir unsere Reise fortsetzen. Die ganze Nacht hindurch fahren wir bis in die Nähe der Grenze von Helmant. Am Tage verkriechen wir uns, weil unsere Begleiter die Befürchtung haben, daß Helikopter uns aufspüren könnten.
In der Nacht geht es dann auf unsicheren Wegen weiter. Wir müssen den Wagen auf der Piste halten, denn die Gegend ist von Mudschahedin aus Angst vor Panzern vermint worden. Der letzte Angriff ist mit mehr als 100 Panzern erfolgt und ist über Sangin hinaus nach Ghorak gegangen.
Bei dem Kommandanten, der uns eingeladen hatte, angekommen, versuchen wir, eine Stelle für das geplante Hospital zu finden. Es gibt auch einen brauchbaren Ort, es fehlt lediglich an Wasser. So sage ich dem Kommandanten, daß ein Hospital nur dann errichtet werden könne, wenn gleichzeitig auch ein Brunnen gegraben würde. Der Kommandant erklärt sich bereit, das zu organisieren, und so beschließen wir die Sache mit einem Handschlag. Wir engagieren einen Arzt, und der Kommandant gräbt uns den Brunnen.
In der nächsten Nacht fahren wir weiter nach Sangin. Hier soll der Wagen der Mudschahedin endgültig in Ordnung gebracht werden, und hier treffen wir auch auf den Arzt Abdul Baki, der einen sehr guten Eindruck auf mich macht. Ich engagiere ihn sofort. Er erzählt uns, daß sich die Sowjets vor vier Tagen aus Masa Qala und Nauzad zurückgezogen hätten und ein Massaker unter der Bevölkerung von Masa Qala angerichtet hätten. Die Schwerverwundeten seien zu ihm gebracht und versorgt worden. Danach seien sie in die Berge transportiert worden.
Als wir nach Masa Qala weiterfahren wollen, es liegt nur 25 Kilometer von Sangin entfernt, weigert sich unser Kommandant, mit uns zu gehen, da der Weg vermint sei und er keine Erlaubnis gebe, weiterzufahren. So fahren wir dann zurück Richtung Pakistan nach Chaman, durch ganz Kandahar, und dann in Richtung Qalat in Zabul, wo wir die Straße Kandahar-Ghazni bei Shahre-Safa überqueren.

Unterwegs treffen wir auch auf zwei Schwerverwundete, die ihre Hände durch eine Mine zum größten Teil verloren haben und erst vor sechs Tagen zum erstenmal ärztlich versorgt wurden. Am 2. Oktober erreichen wir Chaman, und am 3. Oktober sind wir wieder in Quetta, wo wir uns gleich auf den Weg nach Peshawar machen.

Das Leben in den Dörfern Afghanistans

Ich möchte noch etwas das Leben in den afghanischen Dörfern beschreiben, zumindest so, wie es vor dem Krieg war, damit der Leser diese liebenswerten Menschen in ihrer Umgebung besser kennenlernt.
Im Gegensatz zu Europa stehen in einem afghanischen Dorf die Häuser nicht dicht gedrängt, etwa um die Dorfmoschee herum, die Siedlungen sind in ihrer Struktur hier wesentlich lockerer. Da stehen die Gebäude einzeln oder in kleinen Gruppen, durch Gärten und Äcker voneinander getrennt, so daß sich ein Dorf manchmal ziemlich lang an einer Straße hinzieht oder ausgebreitet in einer Ebene liegt. In den Bergen, wo nur begrenzter Platz an einem Hang oder in einer kleinen Mulde zur Verfügung steht, sind die Häuser, je nach Notwendigkeit, enger zusammengebaut.
In Europa hatte früher fast jede Kleinstadt eine Stadtmauer oder war anderweitig befestigt, und so mußten sich die Häuser in den engen, geschützten Stadtraum hineindrängen. In Afghanistan dagegen ist jedes Haus eine kleine Festung, und so steht es recht selbstbewußt in der Landschaft. Will nun der Sohn eines Afghanen selbst eine Familie gründen, so wird einfach an das Elternhaus angebaut. Ist dann die nächste Generation herangewachsen, entsteht vielleicht noch einmal ein Anbau für den Sohn des Sohnes. Es ergeben sich dadurch die kleinen Häusergruppen, in denen verschiedene Generationen zusammenwohnen und so auch nach außen hin die starke Bedeutung der Familie in der afghanischen Gesellschaft demonstrieren.
In der Dorfversammlung wird die Familie durch ihr väterliches Oberhaupt vertreten, und so kommt dem ‚pater familiae'

Entscheidungsbefugnis nicht nur im Haus, sondern auch in der örtlichen Dorfpolitik zu.
Die durchschnittliche Kinderzahl der afghanischen Familie beträgt ca. sechs Kinder. Die Frau ist Herrin im Haus, hat die Verantwortung für die Erziehung der Kleinkinder, sie kocht, wäscht und näht, versorgt Hühner und Ziegen und ist sonst ihrem Manne untertan. Am wichtigsten ist es für sie, gesunde Söhne zur Welt zu bringen, auf die der Vater besonders stolz ist, denn jeder Sohn bedeutet Segen und einen Kämpfer mehr im Jihad, dem ‚Heiligen Krieg'. Der Mann ist für den Lebensunterhalt der Familie, der in der Regel durch die Feldarbeit erbracht wird, zuständig und größtenteils verantwortlich für die Esel, Pferde und Kamele, die als Transportmittel benutzt oder auch zum Pflügen gebraucht werden.
In der Frühe bedeckt der Mann sein Haupt mit einer Kopfbedeckung, in der Regel dem großen Turban, der aus einer ellenlangen Tuchbahn besteht, die in bewährter Art und Weise um den Kopf geschlungen wird und so durch Umfang und Größe die Würde und Autorität des sich darunter befindenden Mannes zum Ausdruck bringt. Der Turban wird je nach Religion verschieden gebunden und getragen, so daß man daran erkennen kann, woher und von welchem Stand der Träger ist.
Die Frau ist je nach häuslicher Tradition dicht verschleiert, wenn sie das Haus verläßt. Es ist auch vielerorts nicht üblich, daß sie mit in die Moschee geht, wenn am Freitag Männer und Jungen dort den Gottesdienst besuchen. Früher sah man in den Bazaren der Städte keine einzige Frau ohne Schleier, und es ist noch gar nicht so lange her, da konnte man an manchen Marktflecken Händler beobachten, die aus dem Westen importierte Bildnisse unverschleierter Frauen als Besonderheit anboten. Neben den traditionellen Gründen hat aber die Verschleierung auch eine recht praktische Bedeutung, die bis heute nicht zu unterschätzen ist. War nämlich die Gelegenheit günstig und die Familie oder der Ehemann der betreffenden Frau nicht unmittelbar zur Stelle, so wurden oft hübsche und

junge Frauen von Mitgliedern anderer Stämme oder Dörfer einfach entführt.
Bestenfalls mußten sie dann als zweite oder dritte Frau einem reichen Afghanen dienen, oft aber wurden sie vergewaltigt und, um die Spuren zu verwischen, anschließend umgebracht. Der Schleier hat also unter anderem auch die Funktion, die Schönheit einer Frau zu verbergen und sie so vor unmittelbaren Nachstellungen zu schützen.
Wird eine Frau vergewaltigt, so nimmt auch heute noch die ganze Familie Rache. Kein junger Mann mehr würde die so Gezeichnete zur Frau nehmen, und niemals würde sie aus der mühsamen Versorgung der elterlichen Familie ausscheiden können. Gerade in den ärmeren Gegenden Afghanistans spürt man jeden hungrigen Magen, der mitversorgt werden muß. Ein Mädchen kann nur in eine gute Familie verheiratet werden, wenn es noch unberührt ist. Mir erzählte ein afghanischer Kollege von einem Fall, den er in einer sehr strengen Familie selbst miterlebt hatte.
Es war große Freude bei den Eltern der Braut, denn der junge Mann stammte aus einer reichen Familie. Die Brautgabe war, mühsam zusammengespart, von den Eltern des Bräutigams akzeptiert worden, und die Hochzeit konnte mit Blaskapelle, großem Essen und den ganzen feierlichen Riten begangen werden. Als der Arzt dann nach zwei Monaten wieder in das Haus kam und sich nach dem glücklichen Paar erkundigen wollte, empfing ihn ein betretenes Schweigen. Keiner wollte ihm so recht Antwort geben. Ein Nachbar schließlich deutete ihm den Verbleib des Mädchens mit einer unmißverständlichen Geste an. Er nahm das Kinn etwas in die Höhe und fuhr mit den ausgestreckten Fingern von links nach rechts über die Kehle. Man hatte festgestellt, daß sie nicht mehr Jungfrau war und ein Kind erwartete.

Die Polygamie ist schon von alters her eigentlich immer den wohlhabenden und adeligen Familien vorbehalten gewesen.

Heute leben nur noch wenige Männer in Afghanistan mit mehr als einer Frau zusammen. Früher ist oft eine zweite Frau, unter anderem auch aus dem einfachen Grund hinzugenommen worden, weil die erste keine Kinder bekam, das heißt genauer, keine Söhne. In diesem Fall mußte die erste Frau von Glück reden, wenn ihr Mann sie neben einer anderen mitversorgte, denn es konnte ebenso sein, daß er die ‚Kinderlose' einfach auf die Straße setzte.
Bei alldem ist es sehr schwer, von dem afghanischen Mann oder der afghanischen Frau zu sprechen, da es ja so viele verschiedene Stämme und ethnische Gruppen gibt, die alle wiederum andere Bräuche haben. Was alle verbindet, aber nicht eint, ist der Islam. Je nach Zugehörigkeit zu einer Glaubensgruppe werden die Gebote strenger oder weniger streng beachtet.
In einem durchschnittlich großen Dorf in Afghanistan gibt es einen Mullah, den Schriftgelehrten, der selbst die höhere Koranschule besucht hat oder sogar an der Universität war. Es kann sein, daß er auch ein oder zwei Dörfer mitbetreut, die sich selbst keinen Mullah leisten können, da das Dorf für seinen Unterhalt verantwortlich ist. Nur in seltenen Fällen werden die Mullahs von der Regierung bezahlt. Das war immer dann der Fall, wenn sie sich bei den religiösen Autoritäten beliebt machen wollte. Heute werden nur in den großen Städten wie Kabul oder Herat die Mullahs noch von der Regierung bezahlt. In den Dörfern wird meist Geld gesammelt, das dem Mullah von jeder Familie nach dem Rahmadan feierlich übergeben wird. Dafür hält er die Gottesdienste am Freitag mittag, gibt den Kindern nach der Schule Unterricht im Koran und hält die anfallenden Beerdigungen und Hochzeiten.
Ihm zur Seite steht der Taleb, der größtenteils die Gebetsrufe übernimmt, die heute meistens durch Lautsprecher von den Minaretten der Dorfmoschee gesungen werden. Außer dieser Aufgabe, den Muezzin zu machen, hat der Taleb die Moschee sauberzuhalten und zu beaufsichtigen, wenn der Mullah nicht am Ort ist. Dieses dörfliche System, das gut ohne Kirchensteuer

auskommt, hat eine weitere wichtige Komponente: Der Mullah ist vom Dorf abhängig und muß sich nach den Entscheidungen der Jirga richten, in der er zwar ein gewichtiges Wort mitredet, aber der er im allgemeinen untersteht. So sind den manchmal ehrgeizigen und herrschsüchtigen Mullahs Grenzen gesteckt.

Nach dem Zusammenbruch dieser Regelung durch die Zerstörung der Dörfer und die Abwanderung der örtlichen Oberschicht sind sie mächtiger geworden und spielen heute eine entscheidende Rolle im Widerstand.

So hoch ihre Verdienste angerechnet werden müssen, es gibt auch eine Schattenseite. Wenn Politik, Kriegsführung und Theologie in einem Mullah gegeneinander streiten, gewinnt immer die Theologie.

Das ist mit ein Grund für die zahllosen theologischen Streitigkeiten unter den Widerstandskämpfern, die sich deshalb in Progressive und Konservative unterteilen und unendlich lange über konfessionelle Fragen debattieren können. Ich sehe heute jedoch nicht die Gefahr, daß sich nach einem plötzlichen und vollständigen Abzug der Sowjets hier ein zweites Iran anbahnen könnte.

Das Oberhaupt des Dorfes ist der Malik oder Rais, der Dorfälteste. Er ist gewählt von den Familien und muß das Vertrauen der Majorität besitzen. Er richtet bei Streitigkeiten zwischen einzelnen Personen oder Gruppen im Dorf, und je besser und glaubwürdiger der Malik ist, desto länger wird er mit diesem Amt betraut und desto ruhiger leben die Bewohner. Der Mullah ist dem Malik in den meisten Fällen unterstellt. Der Dorfälteste ist es auch, der in Friedenszeiten jeweils die Jirga einberuft, wenn es wichtige Angelegenheiten zu besprechen gibt. Er hat meist eine natürliche Autorität, die Widerspruch nur in sehr begründeten Fällen zuläßt, und er führt oft ein strenges Regiment in Haus, Hof und Dorf. Ein guter Malik vermittelt den Bewohnern des Dorfes Sicherheit und vor allem auch Ansehen unter den Nachbarn. Gibt es Konflikte zwischen

zwei Dörfern, so steht die ganze Gemeinschaft hinter ihrem Anführer, um seinen Worten den nötigen Nachdruck zu verleihen.
Heute sind fast alle Moscheen im freien Teil Afghanistans durch Bomben zerstört, genau wie die Krankenhäuser und Dorfschulen, deren Lehrer zwangsrekrutiert worden sind. Vor dem Einmarsch der Russen gab es in beinahe jedem größeren Dorf eine eigene Schule mit von der Regierung bezahlten Lehrern. Bereits nach der Saur-Revolution im April 1978, die durch die beiden volksdemokratischen Parteien, mit zusammen nicht mehr als 3000 eingeschriebenen Mitgliedern, siegreich durchgeführt wurde, hat man in altbewährter Art das Bildungswesen den sozialistischen Gesichtspunkten angepaßt und dem sowjetischen System entsprechend verändert. Russische Sprache und russische Geschichte wurden neue Pflichtfächer, weniger linientreue Lehrer wurden ausgetauscht, und sowjetfreundliche Pädagogen begannen umgehend, in Gruppenstunden und eigenen Zusammenkünften die kommunistische Grundausbildung zu vermitteln.
Die meisten Väter nahmen daraufhin ihre Kinder von der Schule. Heute werden sie entweder nicht mehr unterrichtet oder von ihren wohlhabenden Eltern nach Pakistan auf die Schule geschickt. Nur in den wenigen großen Städten von Afghanistan existiert noch eine einigermaßen geregelte Schulausbildung.
Es wächst zweifellos eine Generation von Analphabeten heran. Eine Generation, die nicht mehr Zeitung lesen kann, der alle Möglichkeiten zur Weiterbildung genommen sind und der niemand sagt, welchen kulturellen Stellenwert Afghanistan in seiner Geschichte eingenommen hat.

Zur Geschichte Afghanistans

Bedingt durch die geographische Lage Afghanistans als letztem Bollwerk vor den Toren Indiens und Persiens, ist die Geschichte dieses Landes oft mit der Geschichte anderer Völker verbunden gewesen: Wer die Pässe des Hindukusch beherrschte, dem stand der Zugang zum Vorderen Orient und nach Indien offen, das wie ein Magnet auf die zahlreichen Eroberer wirkte.

In der Zeit von 2500 bis 2000 vor Christus fielen arische Nomadenstämme, aus den Steppen Zentralasiens kommend, ins heutige Afghanistan ein und besiedelten das Land, das sie ‚Ariana' nannten. Durch den Achemenidenkönig Cyros II. (559 - 530) wurde die ‚Religion Zarathustras' über sein ganzes Reich ausgebreitet. Ein Reich, das von Thrazien in Europa, über Vorderasien, Ägypten und Persien bis zum Indus und weiter nördlich über den Oxus hinausreichte.

Die Achemeniden blieben dort bis 330 vor Christus, dann kam Alexander der Große, der, nach dem Sieg über das persische Großreich, seinen Eroberungszug über die nordafghanische Tiefebene von Baktrien bis zum Indus hin führte. Griechische Kultur erreichte nun Afghanistan, und sie hat die Wirkungen der militärischen Großtaten des tapferen Alexander weit über seine Nachfolger hinaus überlebt.

Nach dem Tod des jungen griechischen Helden wurde sein gewaltiges Reich unter den Nachfolgern aufgeteilt, blieb aber noch Jahrhunderte lang unter der kulturellen Dominanz der Griechen.

Unter Ashoka (269 - 232) und seinen Nachfahren erstrahlte die Ghandra-Kultur in voller Blüte, und er war es auch, der nach der blutigen Eroberung von Kalinga den Buddhismus wieder in sein Ursprungsland Indien zurückbrachte.

Doch zurück nach Afghanistan. Zwischen den Nachfolgern von

Alexander, den Seleukiden, und dem griechischen Statthalter in Baktrien kam es 250 vor Christus zum Krieg, aus dem das unabhängige baktrische Königreich hervorging. Die Seleukiden waren es, die unter Zuhilfenahme griechischer Verwaltungstechnik das riesige Kuschan-Reich errichteten, das sich von Zentralasien bis nach Südindien erstreckte und der Region südlich des Hindukusch eine neue kulturelle Blüte bescherte.
Die griechisch-buddhistischen Einflüsse im zentralasiatischen Hochland blieben bis zum 8. Jahrhundert erhalten. Lange konnten der Buddhismus und die Ghandra-Kultur in Afghanistan nicht zerstört werden. Der Zusammenbruch dieser Kultur begann im 8. Jahrhundert nach Christus, als der Islam von der arabischen Halbinsel her in das heutige Afghanistan vordrang und die islamischen Saffariden anfingen, mit Feuer und Schwert dieser Religion den Siegeszug zu bereiten.
Erst Mahmut dem Großen (999 - 1030 nach Christus) gelang es, das Reich vollends zu einem Zentrum des Islam zu machen. Von Ghazni aus führte ihn der ‚Heilige Krieg' bis in die westlichen Provinzen Indiens, die er dem neuen Glauben unterwarf. Mahmut war jedoch nicht nur ein großer Kämpfer für seinen Glauben, sein Hof in Ghazni, heute nur noch ein staubiger, umkämpfter Flecken südlich von Kabul, war glanzvoller Mittelpunkt von Wissenschaft und Kunst.
Aber schon unter den Nachfolgern Mahmuts zersplitterte das Reich: Die türkischen Seldschuken überrannten den westlichen Teil des heutigen Afghanistans. 1212 nach Christus brach Dschingis-Khanngis Khan, nachdem einer seiner Gesandten ermordet worden war, mit seinen Horden zu einem Rachefeldzug ins heutige Afghanistan auf. Balkh, Kabul, Herat, aufstrebende Städte jener Zeit, wurden von seinen Truppen gnadenlos zerstört, die Einwohner getötet oder verschleppt.
Die afghanische Region stand auch weiterhin unter einem unglücklichen Stern: Ende des 14. Jahrhunderts nach Christus fiel Timur-i-Lang, ein fanatischer Eroberer türkisch-mongolischer Herkunft, in das Gebiet ein. Er bezeichnete sich selbst als

Nachfahre von Dschingis-Khan und behauptete, von diesem abzustammen. Von seiner Abstammung jedoch war er wohl ein Uzbeke. In kürzester Zeit schuf er ein Schreckensimperium, das von der Türkei bis nach Indien reichte und so schnell zerfiel, wie es entstanden war. Seine katastrophalste Tat war wohl die Zerstörung des kunstvollen Kanalsystems in Südafghanistan, deren Folge die Versteppung des einst fruchtbaren Landes war. Belutschistan hat sich von diesem Schlag nie wieder erholt.
Seit Anfang des 16. Jahrhunderts bestimmte dann die Moguldynastie die Geschicke dieser Region und es kam in Afghanistan zu ersten Ansätzen der Staatswerdung. Babar, der Gründer der Mogul-Dynastie, die in Indien sogar bis 1858 herrschte, mußte mit der persischen Safavid-Dynastie (1501 - 1732) um die Vorherrschaft in Afghanistan kämpfen.
Später rebellierte Mir-Wais-Khan in Kandahar gegen den Sultan Schah Hsain von Persien und proklamierte sich selbst, nach seinem Sieg über die Perser, zum Fürsten von Kandahar. Es gelingt diesem Führer eines östlichen Paschtunenstammes die Grenzen seines Reiches in persisch kontrollierte Gebiete zu verschieben. Er wird von diesen jedoch bald wieder vertrieben. Trotz dieser anfänglichen Mißerfolge wird in der Folgezeit die ethnische Gruppe der Paschtunen zum entscheidenden Faktor bei der Gründung des Staates Afghanistan.
Ahmed Schah Durrani gelang es 1747, Afghanistan zum zweitgrößten Imperium neben dem Ottomanen-Reich in Zentralasien zu machen. Dieses Reich umfaßte das heutige Pakistan, Afghanistan und Teile von Indien und Persien. Heute wird dieser Zeitpunkt als die Gründung des Staates Afghanistan angesehen.
Doch der junge Staat hatte es schwer. Da waren zunächst die hausgemachten Probleme, das Autonomiestreben zahlreicher ehrgeiziger Stammesfürsten sowie der Machtanspruch der Paschtunen, des großen Stammesverbandes, von dem ehemals auch diese starken Anstöße zur Staatsgründung ausgegangen

waren. Und da waren weiter die äußeren Einflüsse, die den jungen Staat an seiner Entfaltung hinderten: Es waren die Engländer und Russen, die sich an Afghanistan bereichern wollten und eifersüchtig das Agieren des jeweils andern an den Grenzen der neuen Macht beobachteten. Afghanistan wurde im 19. Jahrhundert zum Puffer zwischen dem britischen Empire, das es als Prellbock zur Stabilisierung der Nordwestgrenze Indiens benutzen wollte, und Rußland, das sich durch einen Zugriff auf Afghanistan seinen Weg zum Persischen Golf zu bahnen versuchte.
Als der afghanische König Dost Mohammed Verhandlungen mit einer russischen Delegation aufnahm, marschierten die Engländer 1838 in Afghanistan ein. Dieser erste angloafghanische Krieg brachte den Briten nach beiderseitigen schweren Verlusten nur einen kurzfristigen militärischen Erfolg. Ende 1841 kam es in der Hauptstadt Kabul zu Unruhen, die in der Ermordung des britischen Missionschefs und zahlreicher britischer Offiziere gipfelten. Die Engländer sahen sich schließlich gezwungen, aus Afghanistan abzuziehen. Die meisten Soldaten der britischen Indusarmee sollten dieses Land aber nicht lebend verlassen. Auf dem Marsch von Kabul zum Khyberpaß fielen 16.500 Menschen (4500 Soldaten und 12.000 Familienangehörige) einer afghanischen Racheaktion zum Opfer.
Im Jahr darauf mußten die Afghanen dafür schwer bezahlen. Die britische Strafexpedition drang nach Kabul vor und zerstörte die Stadt.
Nun versuchten die Russen erneut, sich zwischen das britische Vizekönigreich Indien und Persien zu schieben. Wieder wurden russische Abgesandte empfangen, die Briten jedoch ungnädig am Khyberpaß abgewiesen. 1878 war die Kulisse für den zweiten angloafghanischen Krieg vorbereitet. Diesmal waren die Briten besser gerüstet. Innerhalb von sechs Wochen hatten sie Kabul in der Hand und konnten den Afghanen 1879, im Friedensvertrag von Gandamak, ihre Bedingungen diktieren. Afghanistan mußte auf eine eigenständige Außenpolitik ver-

zichten sowie den Engländern das Gebiet im Osten Belutschistans abtreten, wodurch Afghanistan vom freien Zugang zum Meer abgeschnitten wurde.

Unter Abd-Ar-Rahman (1880 - 1901) wurde die Teilung Afghanistans und damit die Abtrennung eines Teils des Stammesgebietes der Paschtunen von Afghanistan durch die künstliche Grenzziehung, die Durantlinie, endgültig. Sie wurde 1893 festgelegt und teilt das Stammesgebiet der Paschtunen in zwei Teilgebiete. Die von Afghanistan abgetrennten Gebiete, die ‚North Western Frontier Provinces', sowie große Teile Belutschistans fielen an Indien.

Innenpolitisch war Abd-Ar-Rahman erfolgreicher: mit der Stärkung der Zentralgewalt und dem Aufbau einer staatlichen Bürokratie gelang es ihm, die Grundlagen für ein modernes Staatswesen zu schaffen. Obwohl die Türkei und Deutschland versuchten, Afghanistan in den 1. Weltkrieg hineinzuziehen, gelang es Habibullah, Sohn des Abd-Ar-Rahman, seinem Land die Neutralität zu bewahren. Aber schon 1919 gab es wieder Krieg in Afghanistan, - den letzten angloafghanischen Krieg - in dem Afghanistan seine nationale Souveränität von den Briten zurückeroberte.

In den folgenden Jahren mußte dieses Land die schweren Schritte vom Mittelalter zur neuzeitlichen Zivilisation bewältigen, was aber von Amanullah, dem Sohn Habibullahs, wenig einfühlsam angeordnet wurde: der Schleier für die Frauen wurde abgeschafft, der Einfluß des Klerus radikal zurückgeschraubt, für Jungen wie Mädchen wurde der Schulbesuch obligatorisch und den Menschen in Afghanistan das Tragen europäischer Kleidung aufgezwungen. 1929 mußte Amanullah abdanken.

Zunächst führte General Mohammed Daud-Khan, für den 19jährigen Nachfolger Zahir-Schah, die Regierung. Ohne den jungen König zu fragen, baute er 1953 konsequent Kontakte zur Sowjetunion in wirschaftlicher und militärischer Hinsicht aus. Die Sowjetunion schickte Waffen, Militärberater und Techniker. Das in Afghanistan gefundene Erdgas wurde in speziellen, von der Sowjetunion errichteten Leitungen als Gegenleistung nach Rußland gebracht. Zielgerichtet trieb die Sowjetunion den Ausbau der Hauptverkehrsadern in Nord-Süd-Richtung voran. Daß dies nicht ohne Hintergedanken geschah, wurde spätestens beim Anrollen der sowjetischen Panzerkolonnen in Richtung Kabul, Kandahar und Herat an Weihnachten 1979 über eben jene Straßen klar. Die hilfsbereiten Russen scheuten beim Ausbau dieser Infrastruktur keine Mühe. Eine Straße aus Beton sollte den Grenzfluß Amu-Daria mit der Hauptstadt Kabul verbinden. Zu diesem Zweck mußte jedoch zuerst der 3300 m hohe Salang-Paß befahrbar gemacht werden. Die Sowjets zögerten nicht lange und sprengten einen 3500 m langen Tunnel durch den Fels. Ende der 60er Jahre betrug die Verschuldung Afghanistans 300 Millionen Dollar.

So freundlich Daud mit den Russen verhandelte, so abweisend war er gegenüber Pakistan. Er schürte den Haß und die Unzufriedenheit unter den pakistanischen Paschtunen und Belutschenstämme, deren Stammesgebiete von den Engländern durch die Ziehung der künstlichen Durant-Linie von Afghanistan abgetrennt worden waren, und sprach so lange vom ‚Heimholen' dieser Stämme, bis Pakistan hart reagierte: es schloß die Grenzen und Transitrouten des Binnenlandes Afghanistan.

Hilfe kam von der Sowjetunion. Sie bot sich an, die afghanischen Exportgüter durch ihr Territorium zu schleusen oder gleich selbst abzunehmen. Die Abhängigkeit von Rußland war noch größer geworden.

König Zahir-Schah, inzwischen politisch längst mündig, billigte Dauds autoritären Führungsstil nicht. 1963 entließ er den allzumächtig gewordenen Ministerpräsidenten Daud und versuchte alleine die schwierige Gratwanderung afghanischer Politik. Seine gutgemeinte Demokratisierung, festgelegt in einer parlamentarischen Konstitution, zeigte aber in den Parlamentswahlen 1965 nur ein mageres Ergebnis. Es kamen fast ausschließlich Vertreter des Besitzbürgertums und Führer der

afghanischen Stämme zu Sitz und Stimme im Parlament. Das Volk war nach wie vor unbeteiligt. Die in der Konstitution vorgesehenen Parteien waren immer noch nicht zugelassen, und die Anhänger des ‚Roten Prinzen' Daud verurteilten all diese Bemühungen als Scheindemokratie.
Während einer Dürreperiode in den Jahren 1971 - 72 brach eine Hungersnot in manchen Provinzen Afghanistans aus. Um überleben zu können, schlachteten die Bauern ihre Schafe, die ja ihre Lebensgrundlage darstellten. So blieb ihnen danach nichts anderes übrig, als sich bei den Landbesitzern und Händlern hoch zu verschulden und somit von ihnen abhängig zu werden.
Die sozialen Gegensätze zeichneten sich immer krasser ab. König Zahir-Schah konnte seine selbstgestellte Aufgabe, als ausgleichende Kraft in einer jungen Demokratie zu wirken, nicht erfüllen. Die gescheiterten Ministerpräsidenten und ihre Kabinette gaben sich die Klinken in die Hand. Außenstehende bemerkten die Anzeichen einer herannahenden innenpolitischen Krise kaum. Für die Weltöffentlichkeit war Afghanistan damals ein Hippieparadies, eine Zwischenstation für Ausgeflippte auf dem Weg nach Indien und Nepal.
Inzwischen aber war die Leine, an der das großmächtige Rußland das kleine Afghanistan hielt, immer kürzer geworden. Das zeigten unter anderem auch die von den Sowjets gelieferten Benzinvorräte, die nie länger als 10 Tage reichten. Auch die Gegnerschaft Zahir-Schahs hatte sich längst formiert. Der ehemalige Ministerpräsident Daud nützte einen Kuraufenthalt des Königs in Rom zu einem unblutigen Putsch, übernahm die Regierungsgewalt, rief die Republik in Afghanistan aus und erklärte sich selbst zum Präsidenten.
Mittlerweile hatten sich aus der demokratischen Volkspartei Afghanistans (DVPA) zwei Splitterparteien abgesondert, welche sich anfangs unversöhnlich gegenüberstanden. Einmal die Parcham-Partei, die sogenannte Bannerfraktion, die sich stark an Moskau ausrichtete, zum anderen die sozialistisch-natio-

nalistisch orientierte Khalq, die Volkspartei. Zu den Gründern der Parcham-Partei gehörte auch Babrak Karmal, der gegenwärtige afghanische Staatspräsident. Zunächst saßen bei den Parchamis die Sympathisanten für Daud, der kurz nach seinem Regierungsantritt alle Khalq-Mitglieder ins Gefängnis gesteckt hatte, aber bald wurde ihnen klar, daß sie von Daud wohl nur als Steigbügel benutzt worden waren. Diese Einsicht führte im Sommer 1977 zum Zusammenschluß von Khalq und Parcham, der den Anfang vom Ende der Daud-Republik einleitete. Mit seiner selbstherrlichen Art hatte Daud sich zudem die Sympathien der Kremlherren verscherzt. Er war mit Iran, Saudi-Arabien, Ägypten und Kuwait politische und wirtschaftliche Beziehungen eingegangen und spielte mit dem Gedanken, Waffen aus anderen Staaten als der Sowjetunion zu beziehen.
Am 27. April 1978 wird Daud in seinem Regierungssitz von Panzern eingesperrt. Im Palastinneren leitet Daud selbst die Verteidigung. Seine 2000 Mann starke Elitetruppe, die republikanische Garde, wehrt sich hartnäckig mit Maschinengewehren, Granatwerfern und Panzerabwehrkanonen. Erst als gegen 16 Uhr MIG-Bomber, mit sowjetischen Piloten bemannt, aufsteigen und Dauds Palast bombardieren, läßt der Widerstand im Palastinneren nach. Als Daud sich weigert, sich offiziell zu ergeben, wird er erschossen. Das gleiche Schicksal erleiden weitere 30 Mitglieder seiner Familie, darunter auch Kinder. Als alles vorüber ist, sind ungefähr tausend Menschen tot, Opfer der sogenannten Saur-Revolution, das heißt April-Revolution, deren Held und strahlender Sieger Mohammed Tarakki ist.
Er war noch wenige Tage zuvor von Daud vorsichtshalber mit seinem Parteikollegen Karmal und dem militärbewanderten Hafisullah-Amin ins Gefängnis geworfen worden. Die Spitzenpositionen in dem neuen Kabinett hatten, nach Tarakki, als Präsident der demokratischen Republik Afghanistan und dem Vorsitzenden des Revolutionsrates Babrak Karmal, als Vizepräsidenten, Hafisullah-Amin, als Außenminister, inne. In ihrer ersten öffentlichen Stellungnahme betonten die neuen

Machthaber Afghanistans, sie seien keine Kommunisten und nicht von Moskau abhängig, was aber schon damals kaum einer mehr glaubte. Es dauerte nicht lange, da wurde diese neue Regierung wiederum durch Streitereien zwischen der mehrheitlich vertretenen Khalq-Fraktion, der moskautreuen Parchamgruppe und dem linksnationalistischen Militär auf weite Strekken handlungsunfähig gemacht.
Im August 1978 kritisierte Verteidigungsminister Abdul-Qadir öffentlich, daß sowjetische Experten und Militärberater in der afghanischen Armee bereits mehrere Kommandoposten eingenommen hätten. Das war es nicht gewesen, was die meisten von den am Putsch gegen Daud Beteiligten sich erwartet hatten. Das ehrgeizige 20-Punkte Regierungsprogramm, das Landesneuverteilung, politische Beteiligung der Armee, Verbesserung der Schulausbildung und Gleichberechtigung der Frauen beinhaltete, war schon gleich zu Beginn auf Widerstand bei den moslemischen Gruppen im Land gestoßen.
Angesichts dieser Neuerungen, der immer größer werdenden Machtkämpfe innerhalb der Regierung und der immer drükkender werdenden Umarmung aus Moskau, hatten in zahlreichen Provinzen Afghanistans die Widerstandskämpfe moslemischer Aufständischer erheblich zugenommen. Sie eskalierten schießlich im März 1979, als in Herat eine Reihe sowjetischer Berater mit Frauen und Kindern von Aufständischen massakriert wurden. Tarakki verlor immer mehr an Boden, wogegen es Hafisullah-Amin, dem Premier- und Verteidigungsminister, gelungen war, seine Machtbasis immer weiter auszubauen. Er verfügte über eine Privatmiliz, die mit besten Waffen, Tanks und gepanzerten Truppenfahrzeugen ausgestattet war. Wichtige Posten besetzte Amin mit seinen eigenen Vertrauensleuten.
Tarakki wandte sich hilfesuchend an die Sowjets, mit denen er einen Plan ausheckte, Amin zu überrumpeln. Doch Tarakkis Tricks erwiesen sich als eine Nummer zu klein für den schlauen Amin, der in den Verwerfungen afghanischer Politik bestens

zu Hause war. Nach einem mißglückten Mordversuch setzte er alle Truppen der Kabuler Garnisonsstadt, über die er als Verteidigungsminister ja Kommandogewalt hatte, in Alarmbereitschaft und postierte sie vor dem Verteidigungsministerium und vor Radio Afghanistan.
Als der Premier, begleitet von seiner Leibwache, neben dem Sicherheitschef das Sitzungszimmer betrat, wurde auf ihn gefeuert. Die Kugeln trafen jedoch nicht ihn, sondern einige seiner Begleiter. Amin konnte fliehen, während seine Untergebenen die Tarakkigefolgschaft in Schach hielten.
Jetzt drehte der Angegriffene den Spieß um. Wenig später gegen 2 Uhr nachmittags kehrte Amin an der Spitze einer Kolonne von Panzern, schwerbewaffneter Soldaten und Polizeitruppen zum Präsidentenpalast zurück und räumte unter den Tarakki- Anhängern auf. Nun war Amin der mächtigste Mann im Land. Moskau blieb nichts anderes übrig, als den neuen Diktator zu akzeptieren, gleichzeitig aber suchten sie nach einem neuen Mann, denn Amin hatte selbst in der Sowjetunion wegen seiner grausamen Methoden den Namen ‚Der Blutige'. Sie fanden ihn in Babrak Karmal, der zu dieser Zeit auf dem Botschafterposten in Prag saß. Die Sowjets waren also zunächst auf Amin angewiesen, denn es gab zu dieser Zeit keinen anderen afghanischen Führer mehr, auf den sie sich hätten stützen können. Amin legte nach dem Machtwechsel wieder die ihm eigene harte Gangart vor, und am 9. Oktober 1979 gab Radio Kabul den Tod Tarakkis nach angeblicher schwerer Krankheit bekannt. Ob diese Version den Tatsachen entspricht, bleibt fraglich. Die sowjetische Nachrichtenagentur TASS verbreitete jedenfalls eine ganz anders lautende Fassung. Tarakki sei am 8. Oktober, während er sich in Haft befand, im Auftrag Amins erwürgt worden.
Zu diesem Zeitpunkt aber besaß Regierungschef Amin noch die Unterstützung der Sowjets, die er auch dringend brauchte, da die Kampftätigkeit der Mudschahedin so zugenommen hatte, daß er sich nur mit Hilfe immer zahlreicherer sowjeti-

scher Waffen und Militärberater an der Macht halten konnte. Aber was Amin auch unternahm, als Marionette Moskaus verschrien, war er Mitte Dezember 1979 fast völlig isoliert, und nicht einmal das afghanische Militär hielt noch zu ihm. Das Töten von eigenen Landsleuten, den Mudschahedin, entsprach nicht dem Geschmack der afghanischen Truppen.
Es war schon das ganze Jahr vielerorts zu Meutereien gekommen. Amin hatte endgültig die Kontrolle über die Vorgänge in Afghanistan verloren. In der zweiten Dezemberhälfte 1979 wurden in den sowjetischen Grenzregionen Frunse, Taschkent, Samarkand und Fergana sowjetische Truppenkonzentrationen verzeichnet. Vermehrte Truppen und Rüstungsgütertransporte von der Sowjetunion nach Afghanistan rechtfertigte der Kreml gegenüber Amin als notwendige Maßnahme gegen die immer erfolgreicher operierenden Widerstandskämpfer.
Über die Weihnachtsfeiertage war die sowjetische Invasion in Afghanistan längst angelaufen. Ein Paradebeispiel für eine effektive militärische Aktion ohne viel Reibungsverluste, ein Umsturz wie aus dem Lehrbuch. Vom 24. - 26. Dezember1979 landeten 69 Transportflugzeuge in Kabul und Bagram. Mannschaften, Panzer und andere Waffen wurden nach Afghanistan eingeschleust. Am 26. Dezember nahm eine sowjetische Luftlandedivision den Kabuler Flughafen ein. Die Besetzung wurde Amin gegenüber als Vorsorge gegen eine angebliche größere Muslim-Attacke kaschiert. Zugleich stießen drei sowjetische Panzerkolonnen von Kuscha in Richtung Herat, von Termes nach Mazar-i-Sharif und von Sherkhan-Bander zur Hauptstadt Kabul vor. Weitere strategisch wichtige Flughäfen Afghanistans fielen im Laufe des 27. Dezember an die Sowjets.
Amin hatte keine Ahnung von dem, was außerhalb Kabuls vor sich ging, da am selben Tag russische Techniker die Telefonzentrale in Kabul lahmlegten und den Informationsfluß zum Regierungssitz Amins unterbrachen. Es kam zu keinem gezielten Gegenschlag der Afghanen, und dies nicht nur aus Gründen mangelnder Information. Kein afghanischer Panzer war ein-

satzfähig, da die sowjetischen Militärs unter dem Vorwand, das Kriegsmaterial müsse über den Winter eingelagert werden, alle Batterien aus den Panzern entnommen hatten. Die Schlüssel für Waffen und Munitionskammern befanden sich in den Händen sowjetischer Berater. Nicht nur die Panzer waren an diesem Tag außer Funktion: sämtliche hohe Offiziere der afghanischen Streitkräfte vergnügten sich bei einem Trinkgelage in der Sowjetbotschaft in Kabul.
Am Abend des 27. drangen zwei sowjetische Luftlandebrigaden vom Kabuler Flugplatz in das Stadtinnere vor. Sie eroberten den Palast Amins und erschossen ihn, seine Familie und sein Gefolge. Die Zivilbevölkerung leistete keinen Widerstand. Alle Garnisonen in Kabul wurden sofort unter sowjetisches Oberkommando gestellt. Gegen 23 Uhr verkündete der Parchami Babrak Karmal von einem Sender aus Taschkent, auf der Welle Radio Kabul, den Sturz Amins und stellte sich selbst als neuen Machthaber Afghanistans vor. Gleichzeitig gab Radio Kabul die Ernennung Karmals zum Generalsekretär des Zentralkomitees der regierenden DVPA und zum Vorsitzenden des Revolutionsrates bekannt. Karmals Regierung habe die Sowjetunion um militärische Unterstützung gebeten, und dieser Bitte sei Moskau nachgekommen. Nach einer anderen Version, die, soweit mir bekannt, von Moskau nicht dementiert wurde, soll Amin selbst die Sowjets um Hilfe gebeten haben.
Kein Afghane glaubte dieses, von den Sowjets verbreitete Märchen. Karmal wurde sofort als Handlanger des Kreml erkannt und stieß auf passiven und aktiven Widerstand.
Letzterer kommt von den Mudschahedin, die nun seit sechs Jahren in diesem hoffnungslosen und ungleichen Krieg um die Befreiung des Landes und die Rückkehr der Flüchtlinge in ihre Dörfer kämpfen.

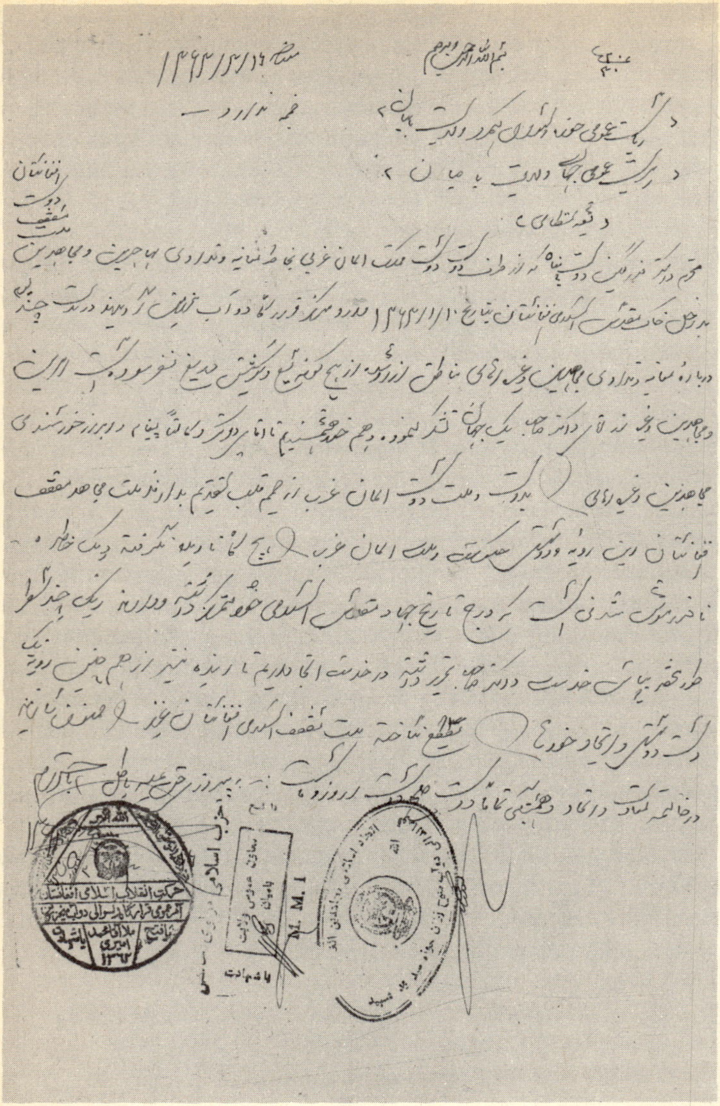

بسم الله الرحمن الرحیم

مورخه ۱۳۶۳/۳/۱۶

د ریاست عمومی حرکت انقلاب اسلامی ولایت بامیان ته

د ریاست عمومی جهاد ولایت بامیان ته

[illegible]

حرکت انقلاب اسلامی افغانستان

حزب اسلامی

M. M. I

با شهادت

اتحاد اسلامی ... افغانستان

Übersetzung:

Reg. 20/30 16.03.1963 - 17.05.1984

IM NAMEN GOTTES

Der militärische Befehlshaber der Provinz Bamjan, Distrikt Kamerd, militärische Abteilung:

Der geehrte Dr. Freigang, der im Auftrage der BRD (Bundesrepublik Deutschland) zur medizinischen Betreuung und Behandlung der afghanischen Flüchtlinge und Freiheitskämpfer (Mudschahedin) in Afghanistan (10.01.63) in die Provinz Bamjan / Gemeinde Doab gekommen ist, hat seine ganze Kraft und Einsatzbereitschaft für die Behandlung und Hilfe der Kranken (Mudschahedin u.a.), die in den freien Gebieten wohnen, gegeben.

Alle Kommandanten und Mudschahedin und die übrige Bevölkerung bedanken sich recht herzlich bei Herrn Dr. Freigang und bitten ihn, diesen Dank in unserem Namen der Regierung und der Bevölkerung der BRD auszurichten.

Die Bevölkerung des freien Afghanistan dankt noch einmal der BRD für diese freundschaftliche medizinische Hilfe, die uns der BRD gegenüber zu ewigem Dank verpflichtet und die wir der Bundesrepublik Deutschland nie vergessen werden.
Wir sind überzeugt, daß diese Hilfe in die Geschichte des Jihad eingehen wird.

Selbstverständlich können wir mit diesen wenigen Zeilen nicht die umfassende Leistung des Dr. Freigang würdigen.

Wir bitten ihn dringend darum, daß er der hilflosen afghanischen und islamischen Bevölkerung weiterhin seine Hand zur Freundschaft und Gemeinsamkeit reicht und uns damit erfreuen wird.
Zum Schluß wünschen wir allen freundschaftlichen Ländern Glück und gute Zusammenarbeit.

Das Recht wird über das Unrecht siegen!

Achtungsvoll (Unterschriften)

3 Stempel
verschiedener afghanischer
Mudschahedin-Kommandos

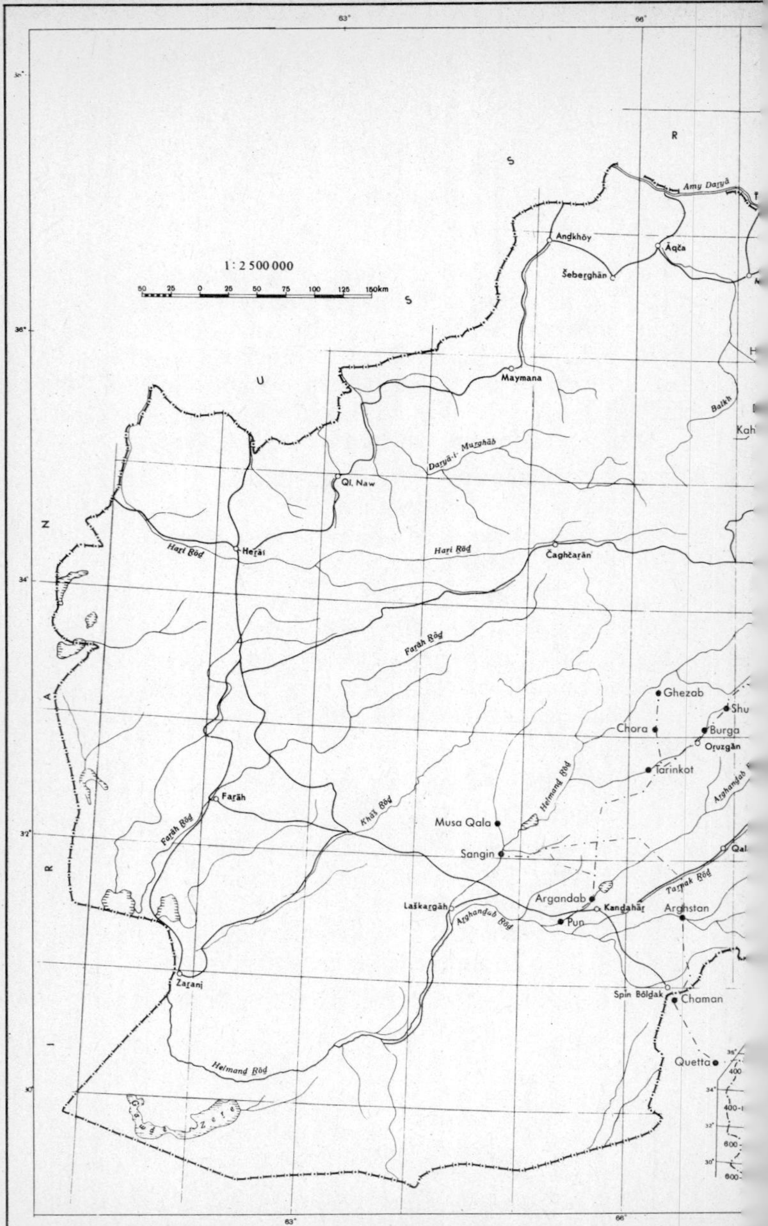

1: 2 500 000
50 25 0 25 50 75 100 125 150km
63°
66°
36°
34°
32°
30°
R
S
S
U
N
A
R
I
Amy Daryā
Andkhōy
Āqča
Šeberghān
Maymana
Balkh
Daryā-i- Murghāb
Ql. Naw
Harī Rōd
Herāt
Harī Rōd
Čaghčarān
Farāh Rōd
Ghezab
Chora
Burga
Oruzgān
Tarinkot
Helmand Rōd
Musa Qala
Sangin
Khāš Rōd
Farāh
Farāh Rōd
Laškargāh
Arghandab Rōd
Argandab
Kandahār
Pun
Arghstan
Tarnak Rōd
Spin Bōldak
Chaman
Quetta
Zaranj
Helmand Rōd
Zere